人才发展TD
出色HR如何挖掘和培养高潜人才

任康磊◎著

人民邮电出版社

北 京

图书在版编目（ＣＩＰ）数据

人才发展TD ：出色HR如何挖掘和培养高潜人才 / 任
康磊著. -- 北京 ：人民邮电出版社，2025.2
ISBN 978-7-115-63643-0

Ⅰ．①人… Ⅱ．①任… Ⅲ．①人力资源管理 Ⅳ.
①F243

中国国家版本馆CIP数据核字(2024)第033886号

内 容 提 要

本书针对人力资源管理从业人员如何成为TD，如何履行人力资源管理中人才发展的职能进行编写，内容涵盖TD实战的各个方面，包含大量成为优秀TD需要掌握的方法论及各类相关表单、图形、工具、模型。本书基于对方法论的可视化、流程化、步骤化、模板化，并通过实战案例详解呈现操作过程，让读者能够轻松上手，快速掌握成为优秀TD的方法。

本书分为7章，主要内容包括TD的定位、人才梯队建设、人才盘点、岗位胜任力模型建设、人才测评、职业管理、TD典型实战案例。

本书案例丰富，模板实用，实操性强，通俗易懂，适合TD岗位从业人员，分管人力资源管理各模块的专员、主管、经理、总监、副总经理，组织各级管理者，想要考取人力资源管理师及其他人力资源管理专业相关证书的学员，各高校人力资源管理专业的学生，需要人力资源管理实战工具书的人员，以及其他对人力资源管理工作感兴趣的人员阅读。

◆ 著　　　　　任康磊
　　责任编辑　恭竟平
　　责任印制　周昇亮

◆ 人民邮电出版社出版发行　　北京市丰台区成寿寺路 11 号
　　邮编　100164　　电子邮件　315@ptpress.com.cn
　　网址　https://www.ptpress.com.cn
　　天津千鹤文化传播有限公司印刷

◆ 开本：700×1000　1/16
　　印张：11.25　　　　　　　　2025 年 2 月第 1 版
　　字数：253 千字　　　　　　2025 年 2 月天津第 1 次印刷

定价：69.80 元

读者服务热线：（010）81055296　印装质量热线：（010）81055316
反盗版热线：（010）81055315

如果把一个组织的构成分为前台、中台和后台，则前台负责业务与运营，中台负责统筹与指挥，后台负责支持与服务。按照对组织的价值高低划分，一般中台＞前台＞后台。

HR（Human Resources，人力资源从业者）岗位在组织中会被归类为后台岗位。HR每天要从事大量事务性工作，于是很多HR在工作中郁郁寡欢，甚至一些身处管理层的HR也自暴自弃，觉得自己为组织带来的价值低，相应的回报也不高。

实际上，HR岗位并非天然为组织带来的价值低，而是很多组织和HR没有意识到HR岗位该如何为组织创造价值。

著名的人力资源管理专家戴夫·乌尔里赫（Dave Ulrich）曾经提出过一个金字塔模型，这个金字塔模型是从整个组织经营发展的视角来看HR岗位该如何为组织创造价值的，如图0-1所示。

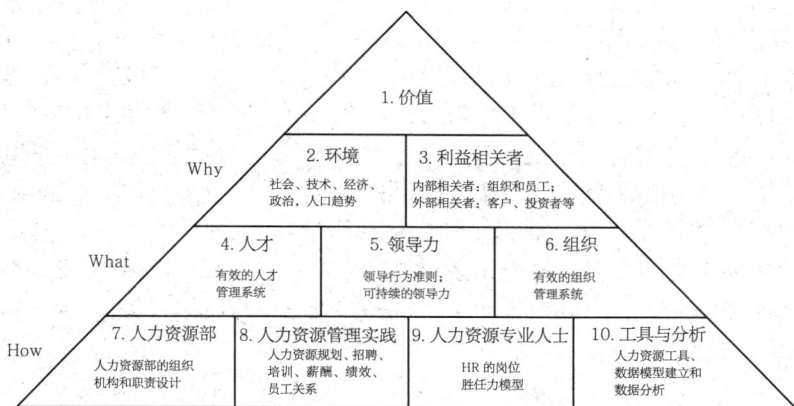

图 0-1　金字塔模型

该金字塔模型分成10个部分。顶端的第1部分是指人力资源管理工作要为组织创造价值。这既是人力资源管理的原则，也是人力资源管理需要关注的过程；既是顶层的注意事项，也是把底层工作做好后将会收获的结果。如果要检验组织在第1部分有没有做好，可以审视组织的人力资源管理是否为组织持续创造价值。

要实现顶层的价值，其他9个部分可以分成3层。第1层是"为何做"（Why），包括第2部分环境和第3部分利益相关者；第2层是"做什么"（What），包括第4部分人才、第5部分领导力和第6部分组织；第3层是"怎么做"（How），包括第7部分人力资源部、第8部分人力资源管理实践、第9部分人力资源专业人士和第10部分工具与分析。

金字塔模型的第2部分环境指的是组织所处的环境，其中包括组织所处的社会环境、技术环境、经济环境、政治环境及相应的人口趋势等。HR千万不要以为这些因素和自己没关系。HR 不仅应关注组织内部，由内向外创造价值，还应关注组织外部，由外向内创造价值，养成由外向内思考的思维习惯。

金字塔模型的第 3 部分是组织的利益相关者。这些利益相关者可能在组织内部，也可能在组织外部。从某种程度上来说，HR 不仅服务于组织内部的员工，还服务于组织外部的客户和投资者等。因此，HR 不能只盯着内部员工，还必须了解组织的外部环境，关注组织利益相关者的情况。

金字塔模型的第 2 部分和第 3 部分都需要 HR 由外向内开展人力资源管理工作。检验人力资源管理工作在金字塔模型第 2 部分和第 3 部分的质量时，HR 可以问自己：能不能理解组织当前运作的具体环境？组织的人力资源管理工作有没有和外部利益相关者关联且紧密结合在一起？

金字塔模型第 4 部分、第 5 部分和第 6 部分针对的是组织的内部情况，它能告诉 HR 开展人力资源管理工作该"做什么"（What）。

金字塔模型的第 4 部分人才泛指组织中的一切人力资源，第 5 部分领导力泛指组织中一切宏观和微观的领导力，第 6 部分组织泛指组织中一切与组织管理相关的事项。

根据金字塔模型，HR 要想为组织创造价值，就要关注组织内人才的整体情况，关注组织层面顶层设计的情况，提升组织整体的领导力，连接人才和组织，使其与外部环境和利益相关者匹配。

在明确了"为何做"与"做什么"后，金字塔模型的第 7 部分、第 8 部分、第 9 部分和第 10 部分能够告诉 HR 应如何开展人力资源管理工作，也就是"怎么做"（How）。

第 7 部分是人力资源部的组织机构和职责设计，很多 HR 容易忽略这个环节。HR 有机会参与组织机构设计时，更多考虑的是整体的组织机构设计或部门／团队的组织机构设计，却很少思考如何设计人力资源部的组织机构。这就好比一个医生，常给别人看病，望闻问切样样精通，却可能不会给自己看病。

每一种组织机构都对应一种管理逻辑，人力资源部的机构应该和组织整体的业务机构紧密结合在一起，而不是今天看到某种机构比较流行就跟风使用，或者看到一些大公司在用某种机构就盲目跟着用。

第 8 部分是人力资源管理实践，人力资源规划、招聘、培训、薪酬、绩效、员工关系，即人力资源管理六大模块的实践。这里的人力资源管理实践既包括组织内部的实践，又包括组织外部的实践。

第 9 部分是人力资源专业人士。如果 HR 专业度低，是很难让人力资源管理理念和工作真正在组织中落地的，所以 HR 的岗位胜任力建设和发展也是组织中一项不可或缺的工作。

第 10 部分是工具与分析，包括人力资源工具、数据模型建立和数据分析。有人可能觉得这些工具是最重要的，但其实工具层面的问题对组织来说并不是最重要的。就像"道法器"，器确实很重要，但通常是搞清楚道和法之后才要关注的。搞清楚道和法，再用器的时候才会事半功倍。

在整个金字塔模型中，中间层的人才、组织和领导力起到承上启下的作用，既承接上层的"为何做"，又为下层的"怎么做"提供依据。实务中，HR 在和业务部门管理者沟通交流时，也常常围绕人才、组织、领导力展开，如图 0-2 所示。

图 0-2　金字塔模型中间层

1. 人才

HR 和业务部门管理者常会讨论能不能为组织或团队找到合适的人才，能不能建立一套人才供应系统，能不能做好人才培养、人才保留和人才激励等工作。人才是组织或团队发展过程中永恒的话题。

2. 组织

HR 和业务部门管理者常会讨论一群优秀的人才如何才能更好地创造价值，如何才能更好地发挥作用，如何才能有序地组织在一起。关于组织的话题可能会涉及组织机构层面的问题、组织文化层面的问题及组织能力层面的问题。

组织能力也关系到组织的创新能力、员工间协调合作的能力、员工的工作效率。要想发挥人才的价值，组织有时候还需要给予员工具体的身份和一些必要的权力。

3. 领导力

除人才和组织外，HR 和业务部门管理者的谈话内容通常是关于领导力的。除了管理者个人层面的领导力、下级管理者的领导力建设，还会涉及组织层面的领导力。

基于要做好人才、组织和领导力层面相关工作的需求，人力资源管理实践中逐渐衍生出 3 种岗位——OD、TD、LD，被称为 HR3Ds，本系列书包含这 3 种岗位的内容。关于 HR3Ds 含义的主流观点有两种，本系列书尊重实务中的多数情况，对 HR3Ds 的含义明确如下。

（1）OD（Organizational Development，组织发展）

OD 的主要定位是确保组织能力能够满足战略需求，工作内容包括承接组织战略、构建组织体系、推动组织变化、实施组织诊断、进行绩效改进等。

（2）TD（Talent Development，人才发展）

TD 的主要定位是人才的管理与发展，侧重于构建人才管理体系，工作内容包括岗位管理、构建岗位胜任力模型、搭建职业资格发展体系、建设人才梯队、进行人才盘点与人才测评、制订继任者计划等。

（3）LD（Learning Development，学习发展）

LD 的主要定位是人才的学习和发展，侧重于提升人才能力，工作内容包括建设培训体系、设计培训项目、分析培训需求、评估培训效果、协助构建学习型组织等。

关于 LD 和 TD 的含义还有一种观点，即 LD 代表领导力发展（Leadership Development），其主要功能定位是所有管理者管理能力的培养和组织能力的提升。相应地，TD 依然为人才发展（Talent Development），但增加了人才学习发展的工作内容，包括建设培训体系、设计培训项目、分析培训需求、评估培训效果、协助构建学习型组织等。

相比之下，这种观点显然更能与金字塔模型中的人才、组织和领导力形成一一对应的关系，然而实务中却鲜有组织按照这种逻辑划分 HR3Ds。

原因可能是这样划分后，代表领导力发展的 LD（Leadership Development）的功能定位和工作内容范围较小，如果为此专门安排一个岗位，岗位从业者的工作量不足；相应地，TD 的功能定位和工作内容范围又较大，岗位从业者的工作量太大，需要更多人从事该岗位，造成岗位设置不均。

虽然理论上 LD 和 TD 的定位是不同的，但在实务中，LD 和 TD 的工作存在一定相似或重合的部分。二者经常需要相互配合，一起开展工作。一些组织也会直接把二者合并为一个岗位，统称为 LD 或 TD（多统称为 TD）。

本系列书对 LD 和 TD 做了明确区分，将二者的功能定位和工作内容做了分割。但分割不代表割裂，因为它们都与人才的学习、成长、发展相关，二者实际从事工作时应该紧密配合、相互协作。

本书是 HR3Ds 系列书的其中一册，专门介绍 TD。前文已经介绍过 TD 的功能定位和工作内容，实务中常说的 TD 有两层含义：一层含义是岗位名称，另一层含义是 HR 的一种岗位职能。

本书所指的 TD 不仅指岗位，还指所有拥有 TD 职能的 HR。所以本书不仅适合 TD 岗位从业者，也适合所有 HR 和组织中想要学习和了解 TD 相关知识的读者。

笔者基于自身的从业经验，结合曾参与过的管理咨询项目及一些知名公司的管理方法，将与 TD 相关的知识总结成工具、方法论和案例。希望本书能让读者快速掌握成为优秀 TD，进而提升组织效能的方法。

本书特色

1. 通俗易懂，案例丰富

读者拿到本书后能够看得懂、学得会、用得上。本书包含丰富的实战案例，让读者能够快速掌握成为一名优秀的 TD 及做好相关工作的方法。

2. 上手迅速，模板实用

本书把大量复杂的理念转变成能在工作中直接应用的、简单的工具和方法论，并把这些工具和方法论可视化、流程化、步骤化、模板化，从而让初学者也能够快速上手、开展工作。

3. 知识点足，实操性强

本书涉及大量的知识点。知识点的选择立足于解决工作中的实际问题，从而保证读者通过本书掌握成为优秀 TD 必备的工具和方法论。

希望读者能够学以致用，更好地学习和工作。

本书若有不足之处，欢迎读者批评指正。

目 录

1 第1章 TD 的定位

1.1　对 TD 的基本认识·2

1.1.1　存在价值：在人才成长中承上启下·2

1.1.2　岗位职责：4 个维度实施人才管理·3

1.1.3　工作内容：5 个模块保障人才发展·4

1.2　成为优秀 TD 的条件·6

1.2.1　能力要求：TD 的 4 项能力要求·6

1.2.2　角色模型：TD 的 3 个角色·7

1.2.3　关键知识：TD 的两项核心知识·8

1.3　关于人才的认知·9

1.3.1　人才认识：是非观与维度观·9

1.3.2　潜能开发：高潜力人才的 5 个特质·10

1.3.3　人才发掘：高潜力人才发现方法·12

☑ 实战案例　京东 TD 职责定位与要求·12

☑ 实战案例　新希望六和 TD 职责定位与要求·13

☑ 实战案例　大疆 TD 职责定位与要求·14

2 第2章 人才梯队建设

2.1 人才梯队建设概况 · 16

2.1.1 系统工程：人才梯队建设的基本原则 · 16

2.1.2 机构支持：人才梯队建设组织机构 · 17

2.1.3 职责保障：人才梯队建设中各方职责 · 18

2.2 人才梯队建设实施 · 19

2.2.1 实施逻辑：人才梯队建设的 8 个环节 · 19

2.2.2 人才规划：保障组织的人才供给 · 20

2.2.3 人才盘点：外部招聘和内部培养 · 21

2.3 干部识别与培养 · 23

2.3.1 干部分类：接班人有这些类别 · 23

2.3.2 培养方式：不同人才这样培养 · 24

2.3.3 培养原理：领导梯队模型 · 26

2.3.4 继任者计划：关键岗位人才池 · 28

☑ 实战案例 某公司人才梯队建设 · 30

☑ 实战案例 华为干部任职资格 · 32

☑ 实战案例 腾讯干部领导力模型 · 34

3 第3章 人才盘点

3.1 人才盘点方法 · 38

3.1.1 3 个维度：通过这些维度实施人才盘点 · 38

3.1.2 3 类方法：人才盘点可使用的方法和工具 · 39

3.1.3 3 种分析：盘点结果该如何分析 · 40

3.2　单维度人才盘点·43

3.2.1　人才态度结构盘点·44

3.2.2　人才能力结构盘点·44

3.2.3　人才绩效结构盘点·45

3.3　双维度人才盘点·45

3.3.1　态度－能力二维盘点·46

3.3.2　绩效－能力二维盘点·47

3.3.3　态度－绩效二维盘点·48

3.4　三维度人才盘点·49

　实战案例　阿里巴巴的人才盘点·52

　实战案例　华为的人才盘点·55

　实战案例　京东的人才盘点·59

4 第4章
岗位胜任力模型建设

4.1　岗位胜任力模型基本认识·63

4.1.1　维度分类：岗位胜任力模型的4个维度·63

4.1.2　组成要素：区分不同等级·65

4.1.3　等级定义：给每个等级明确定义·67

4.2　岗位胜任力模型构建方法·71

4.2.1　总结归纳法：通过典型访谈建模·72

4.2.2　战略推导法：运用设计推理建模·73

4.2.3　引用修订法：巧用"拿来主义"建模·74

4.3　人才画像描绘·75

4.3.1　匹配方式：人岗匹配与人人匹配·75

4.3.2 组成要素：人才画像包含这些维度·76

4.3.3 描绘方法：人才画像可以这样画·77

☑ 实战案例　世界500强公司的岗位胜任力模型在晋升上的应用·78

5 第5章
人才测评

5.1　人才测评应用类别·84

5.1.1 3项假设：人才测评的主要原理·84

5.1.2 3个维度：人才测评的主要工具·85

5.1.3 7类方法：人才测评的主要方法·87

5.2　人格心理测评·88

5.2.1 DISC职业性格测试·89

5.2.2 PDP职业性格测试·92

5.2.3 霍兰德职业兴趣测试·96

5.2.4 MBTI职业性格测试·99

5.2.5 大五人格测试·102

5.2.6 卡特尔16PF人格测试·106

5.2.7 九型人格测试·109

5.3　人才能力测评·113

5.3.1 谈话测评：工作访谈法·113

5.3.2 观察测评：观察分析法·114

5.3.3 笔试测评：试卷测试法·115

✐ 拓展工具　管理风格测试与情景领导理论·116

☑ 实战案例　角色扮演测评案例·118

6 第 6 章
职业管理

6.1 职业规划 · 122

6.1.1 4 个时期：职业生涯发展阶段 · 122

6.1.2 4 个方向：职业发展方向选择 · 124

6.1.3 几个步骤：员工个人发展计划 · 125

6.1.4 双方受益：员工职业生涯规划 · 128

6.2 职业适应 · 129

6.2.1 价值判断：价值观与岗位选择 · 129

6.2.2 能力拓展：员工职业能力开发 · 133

6.2.3 职业满意：组织和职业满意度 · 134

6.3 职业平衡 · 137

6.3.1 发现问题：职业平衡问题查找 · 137

6.3.2 达到平衡：职业平衡达成 · 139

6.3.3 职业幸福：增强职业幸福感 · 140

6.4 职业路线 · 141

6.4.1 双向绑定：职业发展生态系统 · 141

6.4.2 路径通畅：职业发展通道建设 · 142

6.4.3 落地程序：职业发展晋升流程 · 144

☑ 实战案例 阿里巴巴的岗位职级设计 · 145

☑ 实战案例 腾讯员工职业发展体系 · 149

7 第 7 章
TD 典型实战案例

7.1 案例：让管理者学会用人 · 153

7.1.1 案例内容：管理者只看到员工缺点 · 153

7.1.2　分析思考：管理者的角色认知·154

7.1.3　延伸方法：发现和运用员工的优点·154

7.2　案例：润滑团队内部沟通·156

7.2.1　案例内容：难以推进的工作任务·156

7.2.2　分析思考：将团队拧成一股绳·157

7.2.3　延伸方法：人对了，什么都对了·158

7.3　案例：表现不佳的人才发展·160

7.3.1　案例内容：员工绩效变差怎么办·160

7.3.2　分析思考：给"地图"而不是"望远镜"·160

7.3.3　延伸方法：实施绩效辅导的方法·161

7.4　案例：融入团队，为团队增值·164

7.4.1　案例内容：开展工作遇到困难·164

7.4.2　分析思考：通过"情感银行"拉近距离·165

7.4.3　延伸方法：掌握员工的"晴雨表"·166

第1章
TD 的定位

TD 在人力资源管理领域中既可以代表一种 HR 的岗位职能，又可以代表一种岗位名称。本书中的 TD 同时具备这两层含义。TD 通过构建人才管理系统，促进人才的发展，保障组织的人才供给。

1.1 对 TD 的基本认识

TD（人才发展）的功能定位是人才的管理与发展，侧重于构建人才管理体系，工作领域包含岗位管理、岗位胜任力模型构建、职业资格发展体系搭建、人才梯队建设、人才盘点、人才测评、继任者计划制订等。

1.1.1 存在价值：在人才成长中承上启下

TD 具体对应的是人才哪方面的成长呢？TD 和 LD（学习发展）看起来都与人才的成长有关，二者究竟有什么不同呢？OD（组织发展）除了强调组织的成长与变化，也强调人才的成长，这种成长与 TD 和 LD 有什么不同呢？

图 1-1 可以说明 OD、TD、LD 在人才成长方面的关系。

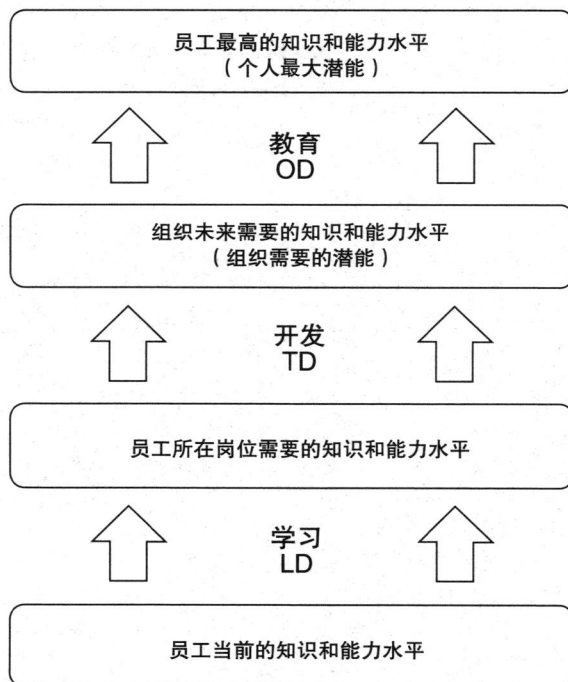

图 1-1　OD、TD、LD 在人才成长方面的关系

1. 达到所在岗位需要的知识和能力水平

每个岗位都对员工的知识和能力有一定的要求。当知识和能力不能满足岗位要求时，员工需要通过学习来补足。这时，组织通常会给员工提供各类培训或学习的机会，让员工拥有岗位要求的知识和能力，从而在岗位上创造出应有的价值。

在从知识和能力达不到岗位的要求到能够达到岗位的要求的过程中，员工需要不断学习，这个过程在 HR3Ds 中主要属于 LD 的职责范畴。本系列书中有专门介绍 LD 的书，其详细介绍了 LD 的相关内容。

2. 达到组织未来需要的知识和能力水平

当员工达到所在岗位需要的知识和能力水平后，不代表成长就停滞不前了。因为员工在未来可能要从事别的岗位，尤其是随着职业发展，可能要晋升到更高的职位。这时候，员工根据当前的情况，多掌握一些未来可能从事岗位要求的知识和能力就显得十分必要。

让员工掌握组织未来可能需要的知识和能力，是对员工潜能的开发与发展，这个过程在 HR3Ds 中主要属于 TD 的职责范畴。本书将介绍 TD 在这个环节具体应该做什么，以及应该如何做。

3. 达到个人最高的知识和能力水平

学无止境，尤其是在这个快速变化的时代，科技发展日新月异，新鲜事物层出不穷，每个人都要养成终身学习的习惯，这样才能适应时代发展的需要。而组织的发展依赖人才的持续发展，如果人才的知识和能力发展到一定程度后就停滞不前，组织的发展也将难以为继。

对应学无止境，教育也是没有止境的。所以在员工达到组织未来需要的知识和能力水平后，组织就可以通过教育或构建学习型组织，帮助员工实现持续成长，这个过程在 HR3Ds 中主要属于 OD 的职责范畴。

需要注意的是，组织持续不断地对员工进行教育是有成本的，是需要资源支持的。如果组织愿意承担，且有能力承担这部分成本，则可以在这方面有较大的投入；如果组织不愿承担，或没有能力承担这部分成本，则可以通过重点构建学习型组织，激发员工自主学习的意识，帮助员工实现自我教育。

另外，学习型组织是组织发展的理想形态，但构建学习型组织并不是 OD 独有的职责，而是需要 OD、TD、LD 三方共同努力。

TD 在人才成长的路径中发挥着承上启下的作用，既应满足组织的需要，又应满足员工的需要。TD 工作的价值是既站在组织的角度，对员工的知识和能力提出要求，又站在员工的角度，在员工的知识和能力能够满足所在岗位要求的前提下，保证员工的知识和能力可以得到进一步发展，以适应二者未来对知识和能力的需求。

1.1.2 岗位职责：4 个维度实施人才管理

TD 的岗位职责是围绕人才管理和人才发展确立的。总体来说，TD 要保证为组织持续供应能力达标的人才，尤其是要保证为组织持续供应知识和能力达标的管理或技术人才。这种人才的供应不仅来自外部招聘，更来自内部培养。

TD 的岗位职责主要体现在以下 4 个维度。

1. 建立并维持人才管理体系

TD 要做好组织的人才管理，梳理当前人才的数量和质量，优化组织的人才结构，形成能够满足组织需要的人才池。

TD 要构建人才的岗位胜任力模型，明确岗位的能力要求，并根据人才当前能力与岗位能力要求的差距设计人才发展计划。

知识和能力达标人才的供应不仅可以来自内部，也可以来自外部。这就要求 TD 不仅要帮助组织构建吸引外部人才的机制，而且要有效留住和激励外部人才，让外部人才迅速融入组织。

2. 构建并维护人才发展体系

TD 要帮助组织建立人才发展体系，研究组织人才发展的趋势，建立人才梯队，保证组织后备人才的供给。

TD 构建的人才发展体系要满足组织的战略需求，为组织实现战略目标提供足够数量和质量的人才。

TD 要规范人才发展流程，设计人才发展制度，构建人才发展机制，在流程、制度和机制层面保证人才的发展和供应。

3. 策划并实施人才发展计划

TD 既要策划和实施组织总体的人才发展计划，又要督促组织内各级团队管理者制订下属的人才培养计划，还要帮助员工制订个人成长计划。

TD 策划和实施的组织总体的人才发展计划要满足组织的用人需求，督促各级团队管理者制订的人才培养计划要满足团队的用人需求，帮助员工制订的个人成长计划要满足员工的知识和能力发展需求。

TD 要做好组织的干部培养和发展工作，不仅要保证各级管理者的能力达标，而且要保证各级管理岗位都有后备人才。

4. 建立并完善人才评价体系

TD 要建立并不断完善组织的人才评价体系，有效实施人才评价，包括对人才态度的评价、能力的评价和绩效的评价。TD 要保证人才评价体系的准确性，让人才评价结果能够客观地反映员工的真实情况。

不同组织对 TD 的定位也许有所不同，但以上 4 个维度存在共性。当这 4 个维度的岗位职责能够全部履行时，就代表 TD 较好地履行了整体的岗位职责。

1.1.3　工作内容：5 个模块保障人才发展

TD 的职责方向是实现人才管理，保障人才发展，做好人才供应等。要做到这些，

TD需要在日常完成哪些工作内容呢？一般来说，TD的主要工作内容包括5个模块。

1. 人才梯队建设

人才梯队建设是保障组织人才持续供应的关键。人才梯队建设的完善与否，从侧面说明了组织能力的强弱。做好人才梯队建设，可以强化组织能力。

当人才能够被组织标准化、批量化地"生产"，组织就不再受人才问题所累，不必为了留住部分人才而委曲求全，不必过分担心人才离职，这代表组织能力得以提升。人才是组织经营发展的关键，但组织能力才是组织成功与否的核心。

2. 人才盘点

从组织的角度来说，人才盘点可以帮助组织梳理现有人才，从中发现不同类型的人才，建立完善的人才管理体系，为人力资源"选、训、用、留"以及其他模块的有效运行提供管理和决策上的依据。

从个人的角度来说，人才盘点能够帮助员工评估自身在组织中的位置，改善个人绩效，明确职业发展方向，更好地成长；能够帮助员工制定绩效目标，找到个人职业发展方向，并主动提升能力。

3. 岗位胜任力模型建设

岗位胜任力是岗位需要的素质、知识、能力和经验的总和，是员工做好岗位工作必备的基本条件。TD要建设岗位胜任力模型，明确不同岗位的素质、知识、能力和经验的要求，并帮助员工开发岗位胜任力。

岗位胜任力模型不仅可以应用在人才招聘及选拔方面，还可以应用在以下方面：在人才培养方面，组织利用岗位胜任力模型可以重点培养人才与岗位不匹配的维度的能力；在人才评价方面，组织利用岗位胜任力模型能够客观识别人才与岗位匹配度较高和较低的维度；在人才使用方面，组织利用岗位胜任力模型可以避人所短，用人所长。

4. 人才测评

人才测评不只是发一套调查问卷让员工填写，再收集结果，然后根据结果对人才做判断。

专业的人才测评要基于心理学、管理学和行为学等多方面的知识，通过观察、访谈、测试、测量、模拟、问卷调查等手段，创造一种场景，对人才进行综合、全面、系统的评测，从而了解人才在人格、潜力、智力、能力、态度、兴趣、动机、绩效等领域的情况。

TD可以在组织内运用各类人才测评工具，帮助组织测评人才的素质、知识、能力或经验，并帮助人才成长。

5. 职业管理

进行人才盘点与人才测评之后，组织能够发现许多优秀人才。这时候，组织可以根据自身需求把这些优秀人才作为关键岗位的后备人才或接班人来重点培养，形成继任者计划。

在实施继任者计划前，组织要注意，员工本人并不一定愿意接受组织的安排，所以组织需要了解员工的职业期望和诉求，并和员工达成一致。

1.2 成为优秀 TD 的条件

要想做好某个岗位的工作，员工应具备一定的条件，要做好 TD 工作也不例外。要成为优秀 TD，HR 需要具备 TD 应具备的能力，填补能力缺口；需要了解 TD 对应的角色模型，扮演好这些角色；需要掌握 TD 应具备的关键知识，确保知识能满足需求。

1.2.1 能力要求：TD 的 4 项能力要求

任何岗位的能力要求都是复杂多样的。对于 TD 来说，比较重要的能力有 4 个方面，分别是沟通能力、管理能力、共情能力和引导能力。

1. 沟通能力

TD 要了解组织中人才的状况，需要进行大量的沟通。实务中，很多优秀的 TD 每天超过一半的工作时间都在进行各式各样的沟通。

除了有效进行日常工作需要的沟通，TD 还需要实施大量访谈。从访谈对象的角度，TD 实施的访谈既包括管理者访谈，又包括员工访谈；从访谈内容的角度，TD 实施的访谈既包括生活化的非正式访谈，又包括比较正式的岗位分析访谈。

良好的沟通能力有助于 TD 有效倾听，顺畅表达，从容应对工作中各类沟通场景，顺利实施工作需要的各类访谈。

2. 管理能力

TD 要促进人才的成长与发展，要在人才能力达到岗位要求后，让人才能力支持人才成长。人才能力的成长中，有很大一部分来自人才管理能力的成长。人才的管理能力具体体现在哪些方面？如何提升人才的管理能力？要回答这类问题，TD 自身首先要具备一定的管理能力。

具备一定的管理能力既能帮助 TD 有效管理组织的人才，又能帮助 TD 做好人才能力的提升工作，还能帮助 TD 与组织内各级管理者实现有效对话，构建和谐关系。

3. 共情能力

TD 要接触组织内形形色色的人，既要和管理者打交道，又要和普通员工打交道。每个人都有自己的个性特质，每个人都有自己的利益诉求，所以每个人都会站在某个立场上表达自己的观点。TD 要与他们实现顺畅交流，就应具备一定的共情能力。

所谓共情能力，指的是设身处地地考虑别人的感受、理解别人的心情的能力。人与人之间的相处是交互的，你只有发自内心地理解别人，才能被别人理解；只有做到对别人共情，别人才会对你敞开心扉。

4. 引导能力

很多人希望成长，愿意努力，但却没有规划行动的意识，不知道该如何努力。TD 要让人才发展计划落地，除了需要制定一系列策略，还需要引导人才成长，引导人才行动。TD 要帮助人才走向成功，就要有能力引导人才做出有利于其成长的行为。

引导不同于说服，不需要让人才转变思想或改变观念。引导不需要改变人才固有的认知，不需要挑战人才的价值观，只需要让人才愿意在自己认为是对的、同时又对组织长远发展有利的事情上采取行动。应该说，引导是更高级的说服。

TD 拥有引导能力，能够润物细无声地促进人才成长，让人才在不知不觉中持续发展。

1.2.2　角色模型：TD 的 3 个角色

为有效履行职责，TD 在工作中要扮演什么样的角色呢？

要成为优秀 TD，HR 需要扮演好 3 个角色。

1. 伯乐

"千里马常有，而伯乐不常有。"伯乐角色能够帮助组织发现人才，用好人才。

很多人才之所以被埋没，就是因为没有遇到能欣赏自己的伯乐。每个人都有闪光点，每个人都有擅长的领域。TD 能看到人才身上的闪光点，才能用好人才。如果只盯着别人的缺点，则天下无可用之人；如果懂得用人所长，则天下皆为可用之才。

有的管理者在工作中只盯着下属的缺点，总是苛责下属；有的管理者觉得下属存在很多能力上的不足，却没有发现下属能力上的强项；有的管理者在招聘时只看到候选人的短处，却看不到候选人的长处可能与岗位是匹配的。这些情况就需要 TD 拥有伯乐般的慧眼，能够看到人才身上的闪光点。

除此之外，TD 还要有能力发现潜在的人才。有些人才可能现在还没有展现出较强的能力，但这不代表未来他不会成为优秀的人才。高潜力人才往往具备一定的共性，后文会具体介绍如何识别高潜力人才。

2. 规划师

规划师角色能够帮助人才看清路在哪里。

TD 对人才成长的规划不仅包括组织层面的设计，还包括对管理者或员工个人成长路径的建议。TD 要引导人才明确组织的职业发展通道，帮助人才规划成长发展的蓝图，设计成长的路径，让人才有"路"可走。

很多人才不是不愿意学习和成长，而是感觉组织没有给自己提供成长和发展的机会，或者不知道组织提供的成长和发展的机会是什么样的，又或者觉得自己实现成长和发展的可能性比较渺茫，于是就消极对待组织的安排。

TD 通过做好人才成长的规划，能够让人才有奔头，让组织有活力。

3. 教练

教练角色可以帮助人才走好成长之路。

TD 既要成为各级管理者的教练，引导各级管理者获得符合本岗位和未来岗位需要的管理能力；又要成为员工的教练，引导员工产生自我成长的意愿，鼓励和帮助员工实现能力的持续发展。

不论是管理者还是员工，在成长的过程中总会遇到各式各样的困难，这些困难原本有可能通过其自身的努力解决，但他们难免会被纷繁复杂的事物模糊双眼，陷入迷茫，一时不知道该如何应对。这时候，TD 可以帮助管理者或员工明确接下来该如何采取行动，使他们步入正轨。

TD 不能代替人才成长，但却可以引导人才不断成长。

好的 TD，同时也是好的"伯乐"、好的"规划师"、好的"教练"。

1.2.3　关键知识：TD 的两项核心知识

除了能力要求和角色模型，要成为优秀 TD，HR 还需要掌握两项核心知识。

1. 管理学知识

TD 要保证组织内管理者的供给，需要协助 LD 为组织培养管理者，需要和组织内各级管理者沟通，所以需要掌握管理学知识。拥有管理学的知识背景有助于 TD 与各级管理者顺畅沟通。

在管理学知识中，TD 尤其需要掌握人力资源管理知识。TD 归根结底属于 HR，人力资源管理知识是每个 HR 都必须掌握的基础知识，TD 也不例外。很多 TD 因为没有掌握人力资源管理知识，所以做不好自身工作。

2. 心理学知识

管理学知识聚焦于顶层设计，目的是明确在宏观上该如何做。心理学知识能够帮助 TD 在微观上做好对人性的洞察。TD 要与人才沟通，要与人才打交道，要了解人才的心理，就应掌握一些心理学知识。

人才的分类与测评也需要用到一些心理学知识。TD 如果能多学习一些心理学知识，对人才测评中人才的人格、动机、心理等的理解将会更加深刻。

当然，TD 要掌握这两项核心知识，不代表其一定要拥有管理学或心理学的专业背景。一方面，管理学知识和心理学知识都可以通过后天学习获得；另一方面，TD 对管理学知识和心理学知识的需求只涉及实际工作中常用的部分，而非系统全面或专业精深的学科知识。

1.3　关于人才的认知

什么是人才？很多人其实并不清楚这个问题的答案。看起来知识和能力很强的人，对组织来说并不一定是人才；能够满足组织需要的，才能称得上是人才。不同人才的潜力是不同的。TD只有了解高潜力人才的特征，掌握发现高潜力人才的技能，才能用好高潜力人才。

1.3.1　人才认识：是非观与维度观

有一次，笔者参加一个培训活动，参训学员大部分是公司创始人。培训最后一天下午，有讲师和学员的互动问答环节。

讲师抛出的问题是："在公司经营管理方面，目前你最大的困惑是什么？"

参训学员中有一对夫妻，他们是开连锁店的，现在已经拥有几十家分店。站起来发言的是老板娘，45岁左右，短发配着淡妆，外表精明干练，说话很朴实。

她说公司已经积累了大量资金和技术，具备拓展市场的实力，可他们当前最大的问题是精力有限，找不到优秀人才帮他们管理分店。她说只要人才够优秀，薪酬不是问题。

因为这是人力资源管理方面的问题，讲师看到笔者在场，就把这个问题抛给了作为学员的笔者。

笔者问这位老板娘："请问你需要的优秀人才，具体是什么样的呢？"

她想了想，说："有能力、有水平的人！"

笔者又问："请问具体是什么样的能力？多高的水平呢？"

她说："那我得看到具体的人以后再定。"

笔者继续问："如果你的HR给你找来一位人才，他做过跨国连锁集团的首席执行官（Chief Executive Officer，CEO），有30年的工作经验。他上一任服务的公司一年销售额有几千亿元，有几万家连锁店。他要求年薪是税后一千万元。这样的人才，能力和水平够不够？"

她说："什么？年薪一千万元？我公司一年的净利润还不到一千万元呢！这种人才水平太高了，我们肯定用不起啊！"

笔者接着问："那如果你的HR又找来一位人才，高中毕业，曾经自己开过一家社区小商店，但3年以后就关了，现在特别想找个地方上班。他的薪酬要求不高，每月税后5000元就可以。这样的人才怎么样？"

她说："自己的店都能开黄了，可见能力不足，我哪敢用他来管我的店啊？而且工资要求不高，可见他对自己的定位也不高。"

笔者说："看来你心里对需要什么样的人才是有一个框架的。那么，这个框架具体是什么，你能总结一下吗？"

她笑了笑，说："我明白了。"

上述案例中的这位老板娘对人才朴素的理解和认识，折射出一大批人力资源管理能力和理念比较弱的公司"一把手"和用人部门管理者对人才的理解和认识。很多人对待人才的态度，普遍是一种简单的"是非观"。

什么叫是非观？就是对待某位人才时，要么觉得好，要么觉得不好，可究竟哪里好、哪里不好，却说不清楚；对人才的判断不是好，就是不好，不是行，就是不行。

事实上，用是非观对简单、客观、明确的事件进行判断也许是可行的，但用其对人才进行评价则很可能会出问题，对于专业的人力资源管理工作者来说更是如此。

是与非应当是对人才进行客观评价后的决策结论，而非人才评价过程本身。很多人把评价过程与决策结论混为一谈，以为决策就是评价，或者用决策来代替评价，这就造成了他们在识人用人方面经常出问题。

那么，TD应该如何评价人才呢？

TD评价人才时应该用"维度观"。

什么是维度观？就是当评价人才时，不是简单地判断人才好或不好、行或不行，而是先设定需要人才具备的几个维度的特质，然后根据人才在这几个维度的特质上的情况来做判断。

例如，某岗位需要人才具备A、B、C、D共4个维度的特质。现在有甲、乙、丙3位候选人，甲在A、B、C这3个维度上符合要求，在D维度上不符合要求；乙在B、C这两个维度上符合要求，在A、D这两个维度上不符合要求；丙只在A维度上符合要求，在B、C、D这3个维度上不符合要求。在综合考量后，甲通常会被认为更符合这个岗位的要求。

这就好像失败的教师往往喜欢根据班级学生的考试排名来对学生下结论，而成功的教师会根据每名学生的长处和短处有针对性地提出建议。人无完人，一个人在某个领域中的能力比较弱，并不代表这个人在别的领域中不会是个天才。

某人在某个维度上与岗位不匹配，不代表这个人在别的维度上与岗位不匹配，也不代表这个人在这些维度上与别的岗位不匹配。如果同时考虑时间维度，某人当前在某个维度上与岗位不匹配，不代表经过一段时间的发展变化之后还会不匹配。

识人用人应当把人才判断和用人决策分开。在进行人才判断时，TD应当使用维度观，科学、客观地评判人才。在进行用人决策时，TD应根据评判结果，做出是否录用的判断。

1.3.2 潜能开发：高潜力人才的5个特质

很多专家、学者和机构对高潜力人才展开过研究，他们的结论有着一些相同之处。综合当前的研究成果与个人经验，适合做组织管理岗位接班人的高潜力人才一般具备以下5个特质，如图1-2所示。

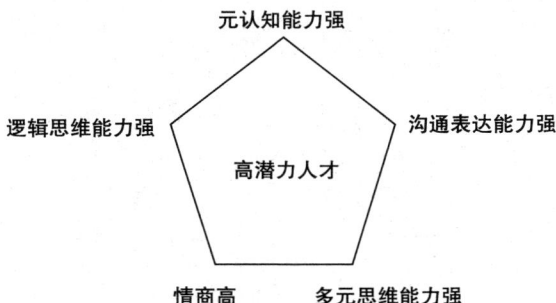

图 1-2　高潜力人才的 5 个特质

1. 元认知能力强

元认知是关于认知的认知，是个体对自己的认知加工过程的自我觉察、自我反省、自我评价与自我调节，通俗地讲就是对自我的认知过程的思考。元认知能力强的人，通常学习能力也很强。因为这类人对自己的认知和学习过程很了解，能够在自我思考和自省后快速制定经过优化的学习策略。

2. 逻辑思维能力强

逻辑思维是人们在认识事物过程中借助概念、判断和推理等思维形式能动地反映客观现实的理性认识过程。只有运用逻辑思维，人们才能达到对具体对象本质的把握，进而认识客观世界。逻辑思维能力强是对一个人工作能力的基本要求，一个人如果不具备较强的逻辑思维能力，就会导致主次不分、条理不清、前后矛盾、重复阐述以及概念混乱等多种问题。

3. 沟通表达能力强

信息不对称的沟通现象在工作中很常见，尤其容易发生在团队合作时和上下级之间。如果彼此都能用最简洁的语言解释复杂问题或描述一件事情，就可以大大提高工作效率。懂得运用简洁的语言，说明说话的人会换位思考，能够从对方的角度分析和评价自己的表达。

4. 情商高

个体在组织中的职位越高，高情商对其来说就越重要。高情商表现为：有自知之明，对人对己都比较诚实，并抱有务实不苟求的态度；善于控制自己的情绪，常常会自我反省，深思熟虑，不断成长；追求成就感，对工作充满激情，乐于学习并富有上进心；善于社交，能帮助领导管理团队，调动人力资源。

5. 多元思维能力强

拥有多元思维能力的人不固执，对自己不了解的领域总是谨慎发表观点；能够容纳不同的观点，与其完全相反的观点也无碍于其行事；不会执迷不悟或固执己见，当新的信息和证据证明自己原来的观点是错误的时候，能够接受并改正。

1.3.3 人才发掘：高潜力人才发现方法

高潜力人才当前不一定能达到高能力水平或高绩效水平。

但高潜力人才通常都具备某种基本的素质和呈现一定的工作状态，也就是上一小节提到的高潜力人才的 5 个特质。当然，高潜力人才并非都同时具备这 5 个特质。组织在寻找和发掘高潜力人才的时候，可以重点参考这些特质。

发现高潜力人才常用的方法有人才测评、行为观察、360 度评估和员工访谈 4 种。这 4 种方法的实施成本和实施难易程度如表 1-1 所示。

表 1-1　高潜力人才发现方法的实施成本和实施难易程度

高潜力人才发现方法	实施成本	实施难易程度
人才测评	高	难
行为观察	高	易
360 度评估	中等	中等
员工访谈	低	易

如果组织当前的能力不支持实施成本比较高的高潜力人才发现方法，那么组织可以使用员工访谈方法来判断员工的特质和主观能动性，简单直接地发现高潜力人才。组织如果愿意实施成本较高的高潜力人才发现方法，那么便可以进行人才测评和行为观察。

☑ 实战案例

京东 TD 职责定位与要求

京东集团（以下简称"京东"）于 2004 年正式涉足电商领域，于 2022 年登上 2022 中国民营企业 500 强榜首，在 2022 年《财富》世界 500 强排行榜中排名第 46 位。

京东致力于打造一站式综合购物平台，通过组建大快消、电子文娱、时尚生活三大事业群，服务中国亿万家庭，并以高于行业平均增长速度的发展态势满足消费者日益多元的消费需求。京东已完成全品类覆盖，消费品、3C、家电等优势品类年交易额突破千亿元大关，并培育出了生鲜、时尚、大客户、新通路、拍卖、家居家装等多个具备高增长潜力的品类。

京东内部某 TD 岗位的职责描述如下。

（1）搭建人才发展体系，建立人才供应链，实现人才的有效吸引、激励和保留。

（2）研究人才发展趋势，建立并持续优化岗位胜任力模型。

（3）规划和落实各级人才培养计划，协调资源，推进人才梯队建设和人才储备机制建立。

（4）搭建人才评价体系，建设人才评价中心，推动其设计及落地。

（5）设计及推动人才发展活动及培养项目。

京东内部某 TD 的任职要求如下。

（1）本科及以上学历，心理学、人力资源管理等相关专业者优先。

（2）5 年以上集团性企业 / 知名咨询公司人才发展工作经验，具备统筹评价中心建设经验者优先。

（3）熟练掌握人才发展工具，对于人才评估、岗位胜任力模型建立、核心人才梯队建设等有实际的操作经验。

（4）具备出色的逻辑思维能力、推动影响能力、问题分析解决能力、人际关系洞察力，以及优秀的沟通表达和呈现能力。

（5）心态开放，积极主动，自驱力强，抗压性强，具有持续精进的学习力。

☑ 实战案例
新希望六和 TD 职责定位与要求

新希望六和股份有限公司（以下简称"新希望六和"）创立于 1998 年，并于 1998 年 3 月 11 日在深圳证券交易所上市，是新希望集团旗下最大的农牧食品产业板块的公司。新希望六和立足农牧产业，注重稳健发展，业务涉及饲料、养殖、肉制品及金融投资、商贸等，业务遍布全国，并在越南、菲律宾、孟加拉国、印度尼西亚、柬埔寨、斯里兰卡、新加坡、埃及等国家或地区设有分 / 子公司。

新希望六和在 2023 年《财富》世界 500 强排行榜中排名第 363 位。

新希望六和内部某 TD 的职责描述如下。

（1）根据公司战略和业务发展需要制定人才发展战略，建立人才评价、人才发展、领导力发展等体系。

（2）建立人才选拔方案和人才储备机制，完善公司人才梯队建设和规范化运作，优化人才发展相关管理制度。

（3）负责公司任职资格体系和人才测评标准的建立、实施、优化，搭建高价值的人才识别、评价体系及其配套管理、实施机制，完善关键岗位胜任力模型和人才评估与测评系统。

（4）建立公司后备人才梯队，做好人才的选拔、考察、培养、评价、任用、发展工作，建立人才信息库，独立规划并实施内部人才发展项目。

新希望六和内部某 TD 的任职要求如下。

（1）本科及以上学历，3 年以上大型集团公司人才发展领域工作经验。

（2）具备使用人才盘点、继任者计划、关键岗位胜任力模型等人才发展工具和项目实施的经验。

（3）具有优秀的组织沟通能力和协调推理能力，能独立运营培养项目。

（4）具有高度的责任心、较强的学习理解力和执行力，反应迅速。

☑ 实战案例
大疆 TD 职责定位与要求

深圳市大疆创新科技有限公司（以下简称"大疆"）成立于 2006 年。自成立以来，其业务从无人机系统拓展至多元化产品体系，在无人机、手持影像、机器人教育、智能驾驶等多个领域不断革新技术产品与解决方案，重塑人们的生产和生活方式，以先进的技术产品重新定义了"中国制造"的内涵。

大疆以创新为本，以人才及合作伙伴为根基，思考客户需求并解决问题，得到了全球市场的尊重和肯定。截至 2022 年底，大疆的员工达 14000 人，除深圳总部外，还在北京、上海、西安、东京、洛杉矶、旧金山、鹿特丹、法兰克福等地设有办公室，搭建了覆盖全球多个国家和地区的销售与服务网络。

在胡润百富发布的 2022 年中国 500 强排行榜中，大疆排名第 87 位，在胡润百富发布的 2023 年全球独角兽榜单中，大疆排名第 20 位。

大疆内部某 TD 的职责描述如下。

（1）根据公司管理导向，协助制订公司人才发展计划（包括人才盘点、人才晋升等的计划）并推动落地。

（2）参与干部管理体系建设，持续优化干部管理政策、制度与流程，组织开展岗位胜任力模型宣导，干部选拔、考核、晋升等工作。

（3）参与岗职体系的优化工作，包括任职资格管理、岗位管理等。

（4）其他人才发展及绩效考核相关工作。

大疆内部某 TD 的任职要求如下。

（1）3 年以上人力资源管理工作经验，熟悉干部管理及人才发展相关工作。

（2）有岗位胜任力模型相关设计和落地经验，以及人才测评、选拔、盘点、晋升机制设计和落地经验。

（3）自驱力强，具有优秀的学习推动能力和沟通理解能力；心态开放，能适应快速变化的环境。

第2章

人才梯队建设

人才梯队建设是一项系统工程，需要遵循一定的实施原则。要保证人才梯队建设与实施的成功，TD就要在划定组织管理机构后，按照人才梯队建设的实施逻辑，各司其职，各尽其责，完整全面地进行操作。

2.1　人才梯队建设概况

人才梯队建设并不是单纯的人才招聘或培训工作，也不是专属于某个部门的工作，TD要做好人才梯队建设，除了需要遵循3个基本原则，还需要组织机构层面的保障并提前定义各方职责。

2.1.1　系统工程：人才梯队建设的基本原则

组织实施人才梯队建设应遵循的3个基本原则，如图2-1所示。

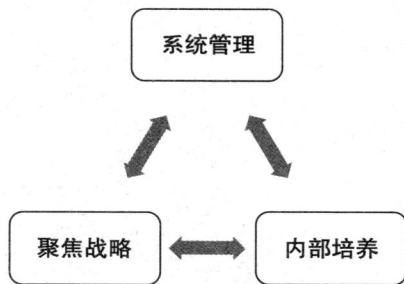

图2-1　组织实施人才梯队建设应遵循的3个基本原则

1. 系统管理

人才梯队建设是一项系统的工程，应当与人力资源规划、岗位管理、能力管理、招聘管理、培训管理、职业管理、绩效管理、薪酬管理、员工关系管理等模块有机结合，相互支持，从顶层设计的角度系统性地发挥作用。

2. 内部培养

人才梯队建设中待培养的后备人才应以内部现有的人才为主，以外部临时招聘的人才为辅。内部人才更熟悉组织文化，更适应组织环境。如果内部存在工作多年、具备一定能力与潜质的员工，那么组织应优先重点培养内部人才。

3. 聚焦战略

组织实施人才梯队建设，是按照实现战略目标需要的能力要求和人才数量，保质保量地培养相应的人才。因此，人才梯队建设要聚焦战略、围绕战略、服务战略。

2.1.2　机构支持：人才梯队建设组织机构

为保障人才梯队建设有效实施并取得理想的效果，人才梯队建设工作需要组织机构的支撑。能对人才梯队建设形成有效支撑的组织机构如图2-2所示。

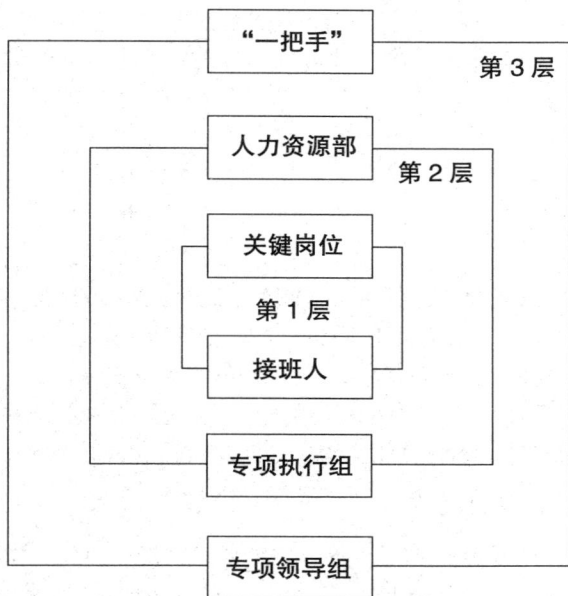

图2-2　人才梯队建设的组织机构

要保证人才梯队建设落地实施，组织机构设计可以分成3层。

第1层：核心层

核心层是人才梯队建设中最关键的一层。人才梯队建设具体是在关键岗位与接班人（后备人才）之间展开的。如果每一个关键岗位都能重视对接班人的选拔、培养、评价，组织的人才梯队建设工作就能自然有效地完成。

第2层：监督层

监督层由人力资源部和人才梯队建设的专项执行组构成，在人才梯队建设中起到了承上启下的作用。它们既能监督核心层的执行情况，又能落实管理层的要求，还能根据人才梯队建设的执行情况和组织战略需要，安排接班人进行查漏补缺式的集中培训。

第3层：管理层

管理层由组织"一把手"和人才梯队建设的专项领导组构成，在人才梯队建设中起到了顶层设计的作用，统领着第1层和第2层。管理层要指引人才梯队建设的思路，决定人才梯队建设的大方向。

2.1.3　职责保障：人才梯队建设中各方职责

人才梯队建设中各方职责如下。

1．"一把手"和专项领导组

"一把手"在人才梯队建设工作中的角色最重要。有的组织"一把手"喜欢当"甩手掌柜"，以为只要把人才梯队建设的工作布置下去，自己就可以高枕无忧了。实际上，任何管理工作只要"一把手"不重视、不参与、不作为，都很难在组织中落地。人才梯队建设也是如此。

专项领导组是为有效实施人才梯队建设而成立的领导小组，主要负责组织人才梯队建设的领导工作。在规模比较大的组织中，因为人才梯队建设工作比较复杂，"一把手"的事务比较多，要推行人才梯队建设工作，需要专项领导组的支持。规模比较小的组织可以不成立专项领导组，由"一把手"统领人才梯队建设工作。

"一把手"和专项领导组的工作职责包括如下内容。

（1）作为人才梯队建设的领导者，为工作的落实提供支持。

（2）通过各种途径宣传人才梯队建设工作，使之与组织文化融为一体。

（3）为人才梯队建设的具体执行提供方向和政策支持，并实施监督、指导。

2．人力资源部和专项执行组

人才梯队建设工作并不是人力资源部一个部门的事，而是整个组织的事。人力资源部在人才梯队建设工作中主要起着承上启下、监督执行和过程纠偏的作用。

专项执行组是为有效实施人才梯队建设而成立的执行小组，主要负责对组织人才梯队建设进行监督、检查等工作。在规模比较大的组织中，人才梯队建设工作比较复杂，人力资源部一个部门难以做好承上启下的落实执行工作，因此需要专项执行组的支持。规模比较小的组织可以不成立专项执行组，由人力资源部负责落实执行。

人力资源部和专项执行组的工作职责包括如下内容。

（1）跟进人才梯队建设工作的执行情况。

（2）配合管理者完成接班人的甄选、培养、考核与监督。

（3）发现接班人基础能力与通用能力的差距，定期组织较高层级的集中培训。

（4）定期向组织"一把手"或专项领导组汇报后备人才的成长情况和人才梯队建设工作的执行情况。

3．关键岗位

组织中的各关键岗位是人才梯队建设落实执行的主要责任人。如果关键岗位对这项工作都不重视，那么人才梯队建设工作将难以落实。

关键岗位的工作职责包括如下内容。

（1）寻找本岗位的接班人。

（2）对接班人实施培养。

（3）对接班人的培养结果进行评价。

4.接班人

接班人是从人才梯队建设中甄选出的待培养对象，是接替关键岗位的人选。接班人要具备一定潜质，并积极主动配合培养工作的实施。

接班人的工作职责包括如下内容。

（1）配合并完成学习成长计划。

（2）配合并接受绩效考核和人才评价。

（3）对组织人才梯队建设与培养工作提出意见。

2.2　人才梯队建设实施

组织为人才付费，本质上是为人才的能力付费；组织雇用人才，本质上雇用的是人才的能力。所谓人才的能力，就是人才为组织创造价值的可能性。如果组织具备批量"生产"与"复制"人才的能力，那么组织就掌握了解决人才问题的主动权。

2.2.1　实施逻辑：人才梯队建设的8个环节

完整的人才梯队建设有8个环节，如图2-3所示。

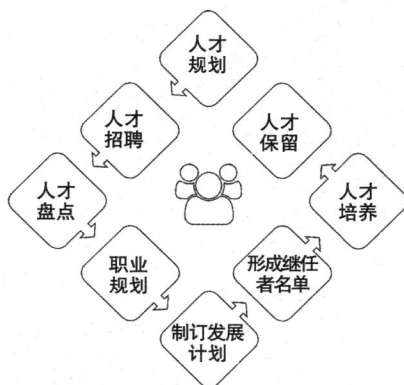

图 2-3　人才梯队建设的 8 个环节

要实施人才梯队建设，首先要有人力资源的规划，也就是明确组织到底需要多少人，这些人的数量如何、质量如何。在这个环节，关于人力资源数量需求的问题也许比较容易回答，但关于其质量需求的问题也应予以有效回答。也就是说，要明确组织需要的人才应具备怎样的素质与能力。

有了人力资源规划后，还需要做人才招聘工作。人才招聘工作是人才梯队建设的重要环节。在培养合格人才前，首先要保证人才队伍具备一定的基础素质。

除了从外部招聘人才，还要对组织内部的人才做盘点，掌握组织内部人才的质量情况。质量比较高的人才是组织的核心人才，要重点培养和发展；对于质量比较低的人才就没有必要花费过多资源来培养，只需要让这些人才做好自己该做的工作就行。

人才盘点之后，还要了解员工的职业规划，同时要帮助员工制订个人发展计划。这两个环节是组织从员工的角度激发其成长欲望。并不是所有的员工都期望走升职加薪的路线，这两个环节正是组织发现员工职业需求，帮助员工实现职业需求的过程。

人各有志，组织不可能要求每一个优秀的员工都去做管理者，前提是员工自己愿意才行。经过了解职业规划和制订发展计划这两个环节后，组织就能知道谁从主观上愿意接受培养，愿意承担更大的责任。之后组织就可以形成继任者名单，也就是有了关键岗位的接班人。

有了关键岗位的接班人之后，就可以实施人才培养了。当然，除了要做好人才培养，组织还要做好人才保留工作，不然组织培养出来的人才最后可能没有留下来，变成竹篮打水一场空。

这8个环节是比较通用的组织实施人才梯队建设的方法论。不同的组织可以根据自身实际情况做调整，可以增加或减少某些环节，将不同环节划为重点环节或非重点环节，但这些环节基本上都要考虑到。

2.2.2　人才规划：保障组织的人才供给

人力资源规划来源于组织的战略规划。组织通过从战略规划到人力资源供给与需求预测，再到确定人力资源净需求量，确定人力资源规划的目标，在正式实施人力资源规划后，通过评估反馈对人力资源规划进行改进。

通用人力资源规划流程如图2-4所示。

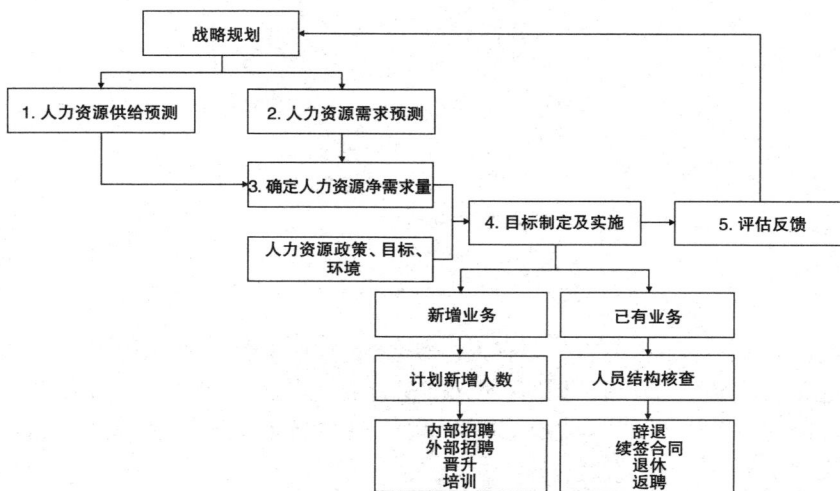

图 2-4　通用人力资源规划流程

1. 人力资源供给预测

影响人力资源供给的因素包括组织所在地区的人力资源状况、所在地区的经济发展水平、组织自身的雇主品牌和岗位吸引力、所在地区的相关法律法规等。

2. 人力资源需求预测

影响人力资源需求的因素包括组织的发展状况、组织人员的流动率、员工对工作的满意度、社会经济发展状况等。

3. 确定人力资源净需求量

人力资源净需求量 = 人力资源需求预测量 − 人力资源供给预测量。确定人力资源净需求量时，要充分考虑组织的人力资源管理现状。

4. 目标制定及实施

组织制定和实施人力资源规划目标时，要考虑自身的人力资源政策、目标、环境，要考虑自身的新增业务和已有业务。对新增业务，要计算计划新增人数；对已有业务，要进行人员结构核查。

5. 评估反馈

有评估反馈，才会有改进。对人力资源规划质量的评估，主要看人力资源规划对战略规划的支撑情况。如果人力资源规划能够支撑战略规划，代表人力资源规划是合理的；反之，则要做出相应调整。

2.2.3 人才盘点：外部招聘和内部培养

人才获取渠道包括两类：一类是外部招聘，一类是内部培养。通过这两类渠道获取到的人才都存在一定的劣势。

外部招聘的人才由于对组织的实际情况了解少，很难在短时间内创造业绩，甚至可能因出现"水土不服"而最终流失，对组织造成损失。

内部人才的培养也需要长期投入才可能实现。规划不到位的话，很容易出现组织需要人才马上补充上去时，培养工作还没完成的情况。这时如果硬要让人才顶上去，可能会对人才进行高位使用，从而产生较大的用人风险。

要缓解这两方面的问题，比较有效的方法是实施人才盘点。

人才盘点本身是一项过程工作，而不是结果工作。人才盘点本身并不会直接产生价值，它只是对人才现状的梳理，是把组织人才相关信息具体化和明晰化的过程。

人才盘点就像超市每隔一段时间都要做的商品盘点。假设某件商品在月初时的进货量为 100 件，系统显示已经卖了 70 件，那么到了月底，工作人员就应当去货架或仓库核对一下，看看是否剩了 30 件货。

这个过程本身其实没有对超市产生价值，但能够给超市提供非常明确的信息，让超市明确当前是否"账实相符"。其是否产生价值的关键在于，超市接下来根据这项信息做了什么。

人才盘点过程和超市商品盘点虽然类似，但人才盘点不仅仅是盘点人才数量。在人力资源管理中，人才盘点可以分成两种：一种是对人才数量的盘点，一种是对人才质量的盘点。

人才数量盘点主要是盘点组织人力资源的人数情况及人力资源在不同属性下的人数情况，包括身份结构盘点、职务结构盘点、年龄结构盘点、司龄结构盘点、学历结构盘点等。人才质量盘点主要是盘点组织人力资源的素质、知识、能力、经验、成果等水平，包括态度结构盘点、能力结构盘点和绩效结构盘点等。

与人才质量盘点相比，人才数量盘点相对简单。要做好人才梯队建设与培养工作，人才数量盘点和人才质量盘点缺一不可。

实际上，人才数量盘点和人才质量盘点都属于相对微观的盘点。从宏观角度来说，人才盘点还可以用来评估组织结构与人才匹配情况、关键岗位的胜任和继任情况、关键岗位人才的晋升和发展情况、关键岗位人才的激励和开发情况，以及关键岗位人才的招聘情况等。

人才盘点是组织当前的人才情况、组织能力和组织战略实现之间的一条无形的纽带。人才盘点的作用如图 2-5 所示。

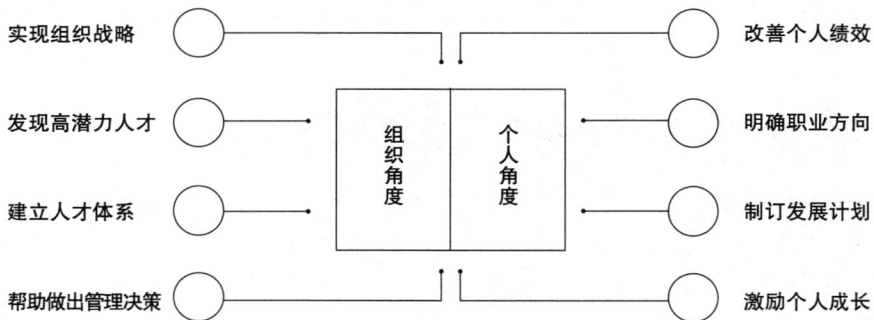

图 2-5　人才盘点的作用

从组织的角度来说，人才盘点可以帮助组织梳理现有人才，发现不同类型的人才，建立完善的人才管理体系，为人力资源"选、训、用、留" 以及其他模块的有效运行提供管理和决策上的依据。

从个人的角度来说，人才盘点能够帮助员工评估自身在组织中的位置，改善个人绩效，明确职业发展方向，制订发展计划，激励个人成长，找到个人职业发展方向，并主动提升能力。

具体来说，人才盘点比较常见的用途包括以下 3 个方面。

1. 为招聘决策服务

通过人才盘点，组织可以明确当前人员情况及人才需求情况，为招聘工作提供决策依据。

2. 为能力发展服务

通过人才盘点，组织可以掌握当前人才的能力情况，能够了解组织未来需要什么样的人才。通过盘点找出差距后，组织就可以有针对性地制定培养措施，提升员工能力。

3. 为留住和激励人才服务

组织在开展人才盘点的同时，一般也应开展绩效盘点。针对绩效优劣，组织可以有针对性地制定激励措施，在刺激员工提升绩效的同时增强员工的稳定性。

这 3 个主要用途相辅相成、互相促进，有助于达到以人才盘点提升组织能力的目的，最终有助于顺利完成人才梯队建设与人才培养工作。

2.3 干部识别与培养

很多人认为只要是优秀员工就适合作为关键岗位的接班人，实际上这种理解不完全正确。适合做接班人的员工通常拥有某些潜质，具备某些特质。发现和识别这些潜质和特质，有助于组织快速聚焦接班人的人选范围。

2.3.1 干部分类：接班人有这些类别

根据组织商业模式和业务逻辑的不同，常见关键岗位接班人主要包括如下 5 种类型，如图 2-6 所示。

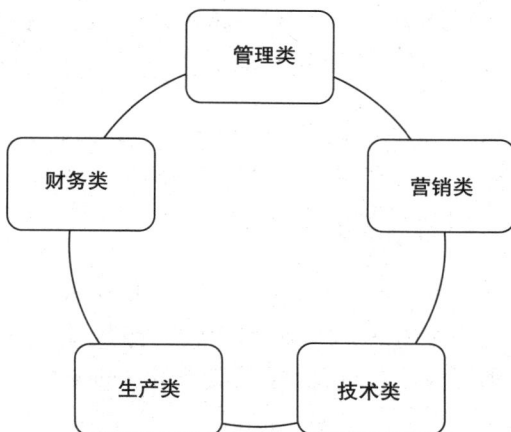

图 2-6 常见关键岗位接班人的 5 种类型

1. 管理类

管理类接班人主要是指人力资源管理、行政管理、采购管理等通用管理类岗位的接班人。

管理类接班人可以根据管理层级的不同分成以下3类。

（1）基层管理岗位接班人。

（2）中层管理岗位接班人。

（3）高层管理岗位接班人。

2. 营销类

营销类接班人主要是指组织的市场营销、业务拓展、客户开发、市场策划、贸易合作等营销类岗位的接班人。

3. 技术类

技术类接班人主要是指组织的技术研发、产品设计、技术创新、工艺设计、工艺改进等技术类岗位的接班人。

4. 生产类

生产类接班人主要是指组织的生产制造、质量检测、品质管理、设备管理、安全管理等岗位的接班人。

5. 财务类

财务类接班人主要是指组织的财务管理、预算管理、税务筹划、投资融资、会计核算、经营分析、财务审计等岗位的接班人。

2.3.2 培养方式：不同人才这样培养

接班人来源于高潜力人才，高潜力人才容易被发现，但很难被培养出来。因为组织可以传授给人才知识和技能，但却没办法传授给人才品格。高潜力人才基本素质，比如智商、情商、动机、价值观等都很重要，这些不是靠组织就能培养出来的。

组织对已经被发现的、确立为接班人的高潜力人才进行培养，应当把重点放在知识、技能的教授与资源的支持和平台的搭建上。被确立为接班人的高潜力人才通常具备主观能动性，有内生动力。当这类接班人具备学习和发展的机会时，其成长速度往往高于一般人。

对待接班人，除了运用常规的人才培养方式，组织还可以实施一对一的、有针对性的培养。其中比较有效的是导师制／师徒制，组织可以有针对性地让接班人参与各类任务或项目。不同身份的接班人对应的导师／师傅和可以选择的培养方式如表2-1所示。

表 2-1 不同身份的接班人对应的导师/师傅和可选择的培养方式

高潜力人才的身份	导师/师傅的人选	可选择的培养方式
高层管理者	总经理	引入外部的导师给予其辅导； 提供专属的职业发展项目； 安排各种有挑战性的任务； 安排特殊的任务； 提供更广泛的管理培训
中层管理者	高层管理者	在组织内部实施职能、部门的轮换； 提供更多中层管理者相互之间交流的机会； 提供通用的职业发展通道； 提供管理或参与重要项目的机会
基层管理者	中层管理者	提供更多的内外部培训； 在组织内部实施职能、部门的轮换； 提供参与重要项目的机会

对于不同类别的岗位的接班人，组织可以有针对性地进行各类主题培训。不同类别的岗位的接班人可以学习的通用课程名称如表 2-2 所示。

表 2-2 不同类别的岗位的接班人可以学习的通用课程名称

大类	小类	课程名称
管理技能	高层管理者	战略管理、组织机构设计、企业文化、品牌管理、风险控制、领导艺术、决策管理、危机管理、公关管理、压力管理
	中层管理者	知识管理、员工激励、员工授权、冲突管理、人才选用育留、项目管理、非财务人员的财务管理、非人力资源人员的人力资源管理、高效能人事的习惯
	基层管理者	目标管理、计划管理、团队建设、沟通技能、时间管理、解决问题技能、执行技能、会议管理、情绪管理、员工关系管理
岗位技能	营销技巧	电话销售技巧、客户服务技巧、渠道销售技巧、经销商管理、专业销售技巧、大客户销售、顾问式销售、客户关系管理、销售呈现技巧、双赢商务谈判
	生产运营	生产计划、现场管理、安全管理、品质控制、成本控制、设备管理、工艺管理、流程管理、订单管理
	人力资源	岗位管理、招聘管理、培训管理、素质模型、薪酬管理、绩效管理、劳动关系、人才测评、职业生涯规划、培训师管理、战略管理
	财务管理	统计核算、报表编制、现金管理、单证管理、成本管理、资产管理、税务筹划、预算管理、财务预测、管理会计
	技术研发	创新意识、产品知识、研发项目管理、研发项目管理沙盘、产品需求分析、产品中试管理、研发成本控制、研发质量管理
	采购管理	诚信意识、报价方法、谈判技巧、采购预算管理、供应商管理、合同管理、市场调研

大类	小类	课程名称
岗位技能	质量管理	品质控制流程、质量检验方法、全面质量管理、质量控制的数理基础、统计质量控制的常用工具和方法、产品生命周期质量分析和控制技术、质量可靠性分析
	仓库管理	仓储管理流程、仓库系统使用、供应链计划、库存管理、仓库数据分析
	物流管理	物流质量管理、报检流程、报关流程、物流系统、商品包装管理、物流运筹管理、物流成本管理
	客户服务	客户关系管理、客户服务原则、沟通技巧、电话礼仪、接待礼仪、如何有效提问、服务用语、肢体语言
通用技能	个人成长	自我认知、人生规划、时间管理、压力管理、情绪管理、团队意识、沟通技巧、人际关系经营、个人知识管理、个人品牌管理、身体健康管理、心态塑造、问题处理、文书写作、办公软件使用
	新员工培训	企业文化、企业发展历程、企业规章制度、企业奖惩条例、消防安全

2.3.3 培养原理：领导梯队模型

组织内员工的成长路径通常不是线性的，而是曲折蜿蜒的，是分不同成长阶段的。这些成长阶段因为员工当前所处的管理层级不同，会有不同的领导力要求。组织在实施员工培养时，要注意根据员工所处的阶段采取相应的培养措施。

TD要区分员工所处的阶段和对应的培养方式，进行有针对性的培养，可以使用领导梯队模型。领导梯队模型是由美国著名的管理咨询师拉姆·查兰（Ram Charan）提出的，其示意图如图2-7所示。

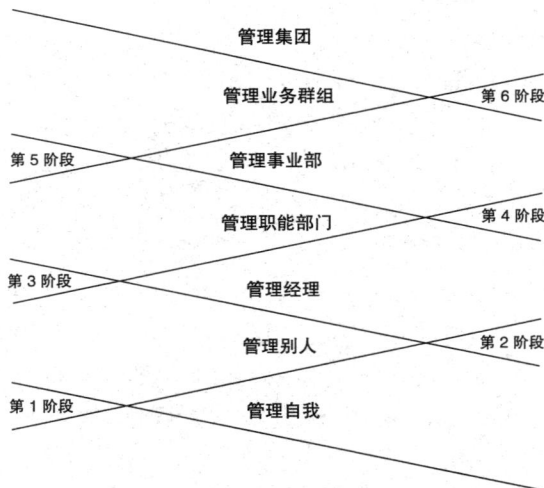

图2-7 领导梯队模型示意图

领导梯队模型将员工成长为组织最高管理者的路径分成了 6 个阶段，每个阶段对应着不同的领导力要求，需要员工掌握不同的领导技能。

第 1 阶段

员工要成长为管理者，首先要学会管理自我。一个连自我都管理不好的人，怎么能管理别人呢？但一个人只会管理自我，还不足以成为合格的管理者。成为管理者的第 1 阶段包括从管理自我向管理别人的成长，也就是从只管好自身向带好队伍转变。

这个阶段的管理者要适应管理角色的转变，学会制订工作计划；学会用人，知人善任；懂得给员工安排和分配工作；能够对员工实施工作辅导；能够激发和调动员工的积极性；能够对员工实施绩效评价；善于通过管理别人来完成工作目标。

第 2 阶段

初级管理者需要学会管理员工，再上一级的管理者则需要学会管理经理。员工是直接从事工作的人，经理是管理员工的人。此时的管理者不像以前那样可以直接对从事一线工作的员工发号施令，需要具备的管理技能也会有所不同。

这个阶段的管理者要学会放手让下属来完成属于下属的全部工作，不仅要会选拔人才，而且要会选拔优秀的管理人才；分配工作时不仅要安排到具体行动，还要教下属如何分配工作；评估下属时要重点对其管理能力进行评估；要扮演好团队的教练角色。

第 3 阶段

管理层级继续上升，此时管理者通常就要向管理一个职能部门的阶段发展。在这个阶段，不仅管理者管理的下属层级更高，而且组织对管理者工作成果的要求也更高，即组织需要管理者贡献某种绩效成果。

这个阶段的管理者要学会制定职能部门的工作策略；要学会跨部门之间的沟通协作；要懂得分配资源，能向上级争取资源；要懂得授权，放手让下属完成工作；要注意培养管理者，保证团队中的人才不出现断层。

第 4 阶段

如果组织规模较大，随着管理层级的上升，管理者可能需要管理一个事业部。这时候，组织对管理者工作成果的要求更高。管理者既要考虑事业部当前的盈利能力，又要考虑事业部未来的长远发展。

这个阶段的管理者要适应从"管理"向"领导"的转变，要掌握组织发展层面的技能和知识，要具备较强的经营意识，要能够带领组织实现业绩目标。

第 5 阶段

从事业部再上一层，是集团层面的业务群组，这个阶段的管理者通常可以被认为是集团层面的高管。这时候组织对管理者工作成果的要求除了实现业务群组的盈利和发展，还会有战略规划、资金使用或人员配置等方面的要求。

这个阶段的管理者要学会成为一名合格的高级管理者，要懂得如何做战略规划；

要能够合理调配资源，让资源得到最优配置；要能够为下属部门制定业绩目标，并能够评估下属部门的绩效成果。

第6阶段

组织管理者的最高形态是组织的总裁或CEO，管理的是整个集团。此时管理者要考虑组织的使命和价值观，确立组织的发展方向，保证组织的存续，关注组织的内外部变化。从管理业务群组到管理集团，对管理者的能力要求进一步提高。

这个阶段的管理者要学会传递组织的经营和管理理念，要能够洞察机遇，规划蓝图，设计组织发展的方向；要懂得取舍，学会平衡组织内各方的利益关系；自身不仅要做好领导工作，也要懂得培养领导者。

通过运用领导梯队模型，TD能够发现不同管理层级对管理者能力要求的差距，能够清楚不同管理者所处的阶段及其下一步能力培养开发的方向，能够制定有针对性的人才培养方案，能够更高效地实现人才发展。

2.3.4　继任者计划：关键岗位人才池

TD根据人才盘点结果和个人发展计划，能够形成关键岗位的继任者计划。组织关键岗位继任者设置如图2-8所示。

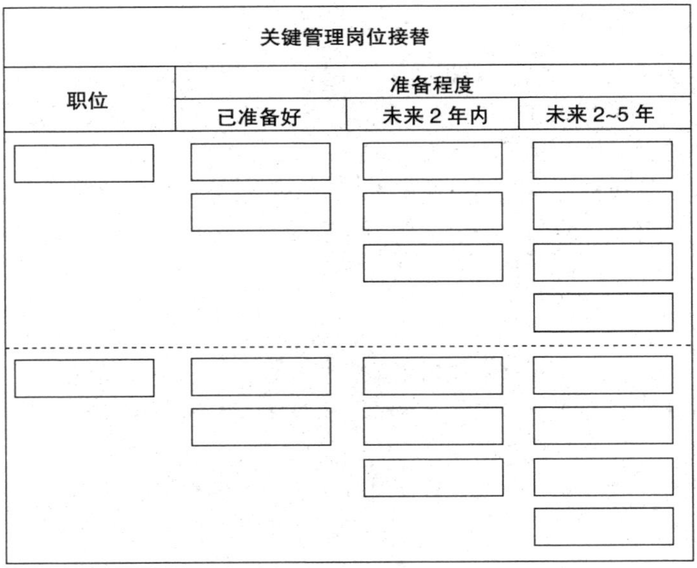

关键管理岗位接替			
职位	准备程度		
	已准备好	未来2年内	未来2~5年

图 2-8　组织关键岗位继任者设置

上图中最左端空白方框内应填写组织关键岗位名称，即"岗位名"而不是"人名"。在列出岗位之后，可以写上人名。在岗位名的右端，要配上至少3级的后备人员名单。

第1级是能够马上接替这个岗位的人选。

第2级是2年内能接替的人选。

第3级是需要2~5年才能接替的人选。

为什么要这么分？

因为每个岗位上的人员都有马上离开的可能性。这可能是因为这个岗位上的人员晋升到了更高岗位，也可能是因为岗位轮换，还可能是因为该人员离职。总之，任何一个岗位上的人员都不是稳定不变的，组织对岗位人员的变动应当有心理预期。

为避免人才离开关键岗位且无人接任对组织造成损失，原则上组织的每个关键岗位都应至少有一个人具备能够马上接替该岗位的能力。

具备一定基础但缺少经验的人才，对关键岗位要达到熟悉和了解一般需要2年时间，因此设置第二梯队能够和第一梯队形成岗位轮换时间差。第二梯队选择在2年内能够成熟的人才，以及第三梯队选择2~5年能够成熟的人才，主要是出于人才发展的培养周期和时间差的考虑。

单纯选定后备梯队是远远不够的。组织还要建立这3个梯队中所有继任者的个人培训与开发档案，充分运用现有资源，通过个体辅导、参与项目、岗位轮换、培训学习等各种方式帮助继任者提升自身的知识、经验和能力水平，并且加强管理沟通和过程监控反馈，让这些继任者可以按照既定的成长和发展路线稳步前行，成长为组织需要的人才。

大型组织或岗位间能力差异较大的组织，可以按照上述方法实施继任者计划。一些规模较小、管理要求较低、同类岗位同质性较强的组织，可以用关键岗位人才池的模式管理继任者，如图2-9所示。

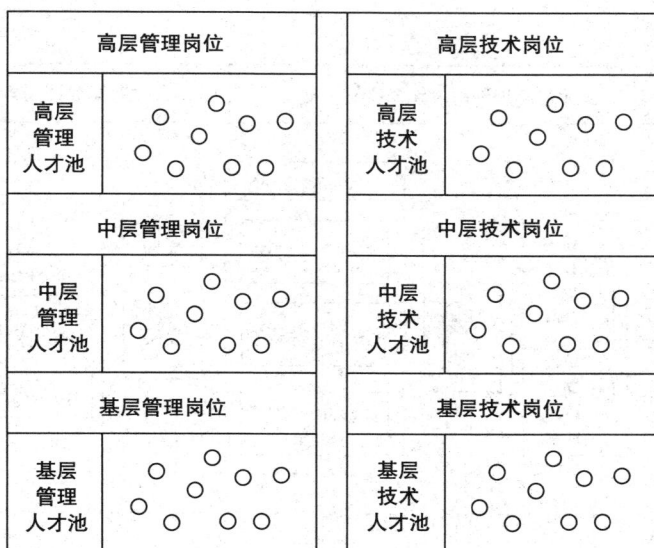

图 2-9　关键岗位人才池

让组织管理类和技术类等各层级岗位形成蓄水池般的人才池，可以保障组织内部源源不断的人才供应，避免出现人才断层的现象。

举例

　　某全国连锁汽车销售公司岗位中关键岗位的类型比较单一，主要是销售岗位。该公司中的主要管理层都由销售人才晋升而来。该公司销售队伍的人才梯队建设主要采取的是人才池的模式。所有具有销售能力和管理潜质的人才都被放在销售人才池中统一管理。公司有管理岗位的人才需求时，可以从销售人才池中提取。

　　要做好关键岗位人才梯队建设，需要扶持接班人（继任者、后备人才）。接班人的识别、选拔和培养是关键岗位人才梯队建设的前端工作。其中，识别接班人需要了解哪些人才具备成为接班人的潜质，选拔接班人需要能够从这些有潜质的人才中选拔出适合担任接班人的人选，培养接班人需要注意采取简单、可复制的方法。

☑ 实战案例
某公司人才梯队建设

　　某公司是一家财务管控型的集团公司，下设 20 余家子公司，各子公司分别从事不同的关联产业，共有 6000 余人。这些子公司中，有大约 1/3 从事高新技术型生产制造业，大约 2/3 从事劳动密集型生产制造业。

　　该公司非常重视人才培养和人才梯队建设，其实施人才梯队建设的逻辑如图 2-10 所示。

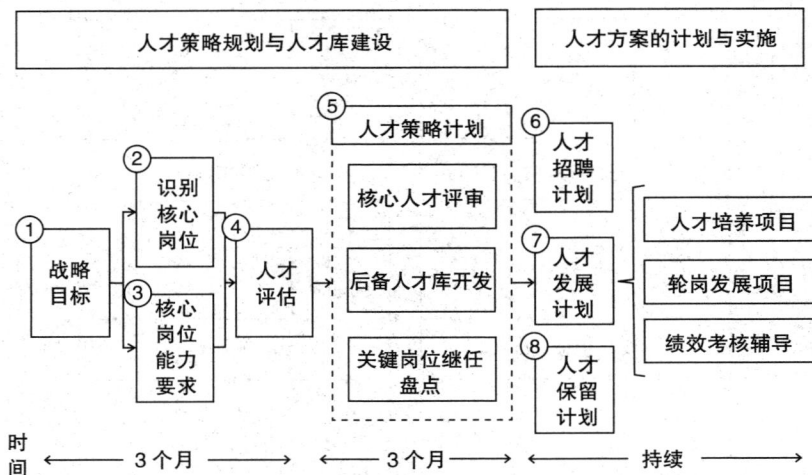

图 2-10　某公司实施人才梯队建设的逻辑

　　该公司人才梯队建设的实施分成 2 个部分、8 个模块。第 1 个部分是人才策略规划与人才库建设，包括 5 个模块。第 2 个部分是人才方案的计划与实施，包括 3 个模块。

第 1 个部分前 4 个模块一般在上年 7 月初开始实施，大约在 9 月底完成；第 1 个部分第 5 个模块一般在上年 10 月初开始实施，大约在 12 月底完成。第 2 个部分 3 个模块自当年 1 月初开始持续实施到当年 7 月，随后再开始实施来年的人才策略规划与人才库建设。

1. 战略目标

该公司实施人才梯队建设的第 1 步是确定公司第 2 年的战略目标。该公司每年都会针对战略目标制定 3 年规划和 5 年规划，但 3 年规划比较模糊，5 年规划定的是大方向。

2. 识别核心岗位

有了第 2 年的战略目标后，该公司会根据战略目标识别公司的岗位哪些是核心岗位，哪些是非核心岗位。识别核心岗位时采用的是二八定律，即 20% 的核心岗位创造 80% 的价值。由于战略目标的变化，核心岗位有时变化较小，有时变化较大。

3. 核心岗位能力要求

识别出核心岗位后，该公司会根据战略目标，确定核心岗位能力要求，这样人才培养工作才会有方向、有依据、有目标。

4. 人才评估

有了识别出的核心岗位和核心岗位能力要求，该公司下一步就要对当前的人才状况实施评估，发现当前人才结构存在的问题及其与目标的差距。

5. 人才策略计划

通过人才评估找到问题之后，该公司接下来要针对问题编制人才策略计划。要编制人才策略计划，需要对核心人才进行评审，对后备人才库进行开发，以及对关键岗位继任情况进行盘点。

6. 人才招聘计划

人才策略计划对应着 3 项重要工作，其中第 1 项是人才招聘计划。人才招聘计划的主要作用是补齐当前人力资源在数量上的差额。

7. 人才发展计划

除了补充人力资源的数量，还要注意人力资源的质量。人才发展计划正是对人才进行培养，保证人力资源在质量上达标。人才发展计划主要包括人才培养项目、轮岗发展项目和绩效考核辅导。

8. 人才保留计划

除了对人才进行招聘、培养，人才保留也是人才梯队建设中不可忽视的重要环节。如果培养出的人才最终都选择离开，公司将会竹篮打水一场空。

☑ 实战案例
华为干部任职资格

华为技术有限公司（以下简称"华为"）创立于1987年，是全球领先的信息与通信技术（Information and Communications Technology，ICT）基础设施和智能终端提供商。截至2023年底，华为约有20.7万名员工，业务遍及170多个国家和地区，服务全球30多亿人口。

华为发展非常迅猛，业务遍及全球，不仅对人才的需求量大，对干部的需求量也巨大。为承接业务的发展，华为非常重视对干部的选拔。华为后备干部选拔标准主要可分成3个部分，分别是否决条件、必要条件和参考条件，如表2-3所示。

表2-3　华为后备干部选拔标准

考察项目	考察要素	测评标准	测评方法	备注
否决条件	品德	1.传播消极情绪，发牢骚； 2.自律性差、作风不严； 3.有赌博或出入不良场所的行为； 4.传播小道消息，私下议论人事、职务、薪酬等话题； 5.做出违背公司诚信要求、违背公司商业准则的行为	1.查阅关键事件库； 2.查阅诚信档案； 3.调查了解	符合测评标准中任意一条则不能入选
必要条件	硬指标	1.近4季度的绩效水平被评为3次B、1次C及以上的，但在关键事件中表现突出的，可以考虑2次B、2次C以上的； 2.上年度绩效等级结果是A或B，且排名在各大部门内考核前20%~30%的	查阅季度和年度绩效结果	硬指标中的每个考察要素都必须符合，出现一条不符合则不能入选
		专业技术任职资格在2级普通及以上	查阅任职资格记录	
		服从公司安排，愿意到境外艰苦地区工作，不计个人得失，工作地意向调查结果是AA	查阅工作地意向调查	

考察项目	考察要素		测评标准	测评方法	备注
必要条件	软指标	劳动态度	上年度年终劳动态度评议结果是 A 或 B	查阅年终劳动态度评议结果	软指标中的每个考察要素都必须符合，出现一条不符合则不能入选
		品格要求	1.有较强的责任意识和服务意识，坚持原则； 2.始终以积极向上的心态面对工作中的困难； 3.不断进取，不断进行自我批评和自我超越		
		基本素质　影响力	达到影响力素质的基线要求，得分在 2 分及以上	查阅素质区分方法	
		主动性	达到主动性素质的基线要求，得分在 2 分及以上		
		概念思维	达到概念思维素质的基线要求，得分在 2 分及以上		
参考条件	参考素质	关注客户　团队领导　成就导向	供参考	查阅素质区分方法	在符合基本条件的情况下，参考条件作为优中选优的条件，供择优选择
	其他		符合标准，在同等条件下，优先考虑： 1.一线团队中的优秀员工； 2.参加过全流程 A 培训的员工； 3.有跨部门工作经验的员工	查阅团队绩效和 A 培训名单记录	

　　否决条件就是一票否决项，是不能触碰的"高压线"，与人才的品德直接相关。当人才符合否决条件中的任意一项时，代表人才不符合后备干部选拔标准。

　　必要条件是后备人才必须具备的条件，分成硬指标和软指标两个部分。其中硬指标指的是依靠客观评价判断的指标，软指标指的是依靠主观评价判断的指标。华为后备干部选拔标准中必要条件的每一项都有背景和来由。例如，硬指标中的"对工作地点态度"，主要是因为华为境外业务较多，要求人才能吃苦耐劳，服从公司安排。

　　华为对后备人才的要求如图 2-11 所示。

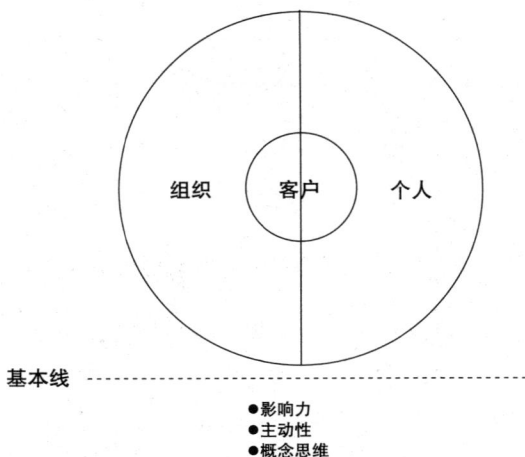

图 2-11 华为对后备人才的要求

华为对后备人才的要求分成 4 个部分。

1. 基本线

华为的后备人才要具备基本的影响力、主动性和概念思维。

2. 客户能力

华为的后备人才要以客户为中心，要具备客户能力，要关注客户情况，要和客户建立并维护好合作伙伴关系。

3. 组织能力

客户连接着组织和个人。在组织层面，后备人才需要具备组织能力，包括团队领导力、跨部门协作能力、沟通协调能力等。

4. 个人能力

后备人才需要具备的个人能力包括战略思维、组织承诺、理解他人和成就导向等。

☑ 实战案例
腾讯干部领导力模型

深圳市腾讯计算机系统有限公司（以下简称为"腾讯"）于 1998 年 11 月在深圳成立，2004 年 6 月上市。腾讯是一家以互联网为基础的平台公司，通过通信及社交平台微信和 QQ 促进与用户的联系，助其在弹指间连接数字内容和生活服务；通过高效广告平台，协助品牌和市场营销者触达数以亿计的中国消费者；通过金融科技及企业服务，促进合作伙伴业务的发展，助力其实现数字化升级。

腾讯大力投资人才队伍建设和科技创新推动，积极参与互联网行业协同发展。腾讯把人才视为公司最宝贵的财富，一直高度重视人才发展，不仅为员工设计专业和管理的双通道职业发展路径，让员工的能力得到更聚焦、更清晰的发展，同时让每个员工的成长贡献能够通过职级体系得到及时、明确的体现。

在腾讯的"20周年司庆"活动中，腾讯董事会主席兼CEO马化腾、总裁刘炽平、腾讯创始人之一及前首席技术官（Chief Technology Officer，CTO）张志东等人与员工进行了一场内部交流。在交流中，总裁刘炽平有如下发言内容。

对于公司来说，使企业保持年轻状态非常重要。我认为年轻不只纯粹是年龄，还有心态。我们也有很多有经验的人心境还很年轻，投入度很高，也很有激情。但我们更希望让年轻的同事们有成长机会，我们也很鼓励年轻同事们站出来争取机会。

现在，我将从公司层面代表总办正式宣布"青年英才计划"。在这个计划里，我们将把20%的晋升机会给予年轻人，这将是硬性的百分比。第二个举措，更重要的是给机会，一个公司要年轻，一定要有很强的"新陈代谢"能力，也代表人员要不断流动。对应到管理者，今后要看管理者手里面有多少年轻人是其识别出来、培养出来、提拔出来的，这将作为一个管理考核指标。

在激励方面，我们将设立现有体系以外的奖励计划，用于激励有潜力、对公司未来可能有较大贡献的年轻人。

在干部体系上，我们也希望一定要有流动，这样才有新的位置给后起之秀。我们的干部体系淘汰力度将进一步加大，要求每年有一定比例的管理干部要退下来。

腾讯不可以把干部变成终身制。但长期来讲，我们奉行"能上能下"的文化，你有能力的时候我们很快让你上去，但是到一定程度停滞了，就先下来，等到有合适的机会再上去。

"青年英才计划"希望可以鼓励越来越多的年轻人站出来说：我能够在公司扮演更重要的角色，我能够为自己创造更快的成长路径，我能够为公司贡献更多。

腾讯围绕干部领导力模型开展对干部的培养。腾讯的干部领导力模型也叫"帝企鹅领导力模型"，这个名称来自腾讯标志产品QQ的企鹅图形，如图2-12所示。

图2-12 腾讯干部领导力模型

　　腾讯干部领导力模型的核心理念是"本着正直的心，以激情、好学、开放的态度和行为，培养人才，打造精品，创造用户价值"。腾讯在干部选拔、人才培养和干部考核这3个方面都是围绕干部领导力模型开展工作的。

第3章
人才盘点

　　本章的人才盘点指的是人才质量盘点。通过对人才质量盘点呈现出来的有价值的信息进行分析，可以制定具体、详细的组织层面的应对策略和行动计划，保证组织能够得到需要的人才，落实组织的整体业务战略，实现组织的可持续发展。

3.1　人才盘点方法

人才盘点通常可以落到 3 个维度上。基于这 3 个维度，人才盘点可以细分成 3 种分析。实务中，一般是从 3 个维度中选择 1~3 个来实施人才盘点。

3.1.1　3 个维度：通过这些维度实施人才盘点

在人才盘点实施得比较成熟的组织中，人才盘点的维度通常存在一定的差异。这种差异主要源于组织文化、发展阶段和创始人意识形态的不同。

但不论采用哪种人才盘点方法，最终都指向最常见的 3 个维度，分别是态度、能力和绩效，如图 3-1 所示。

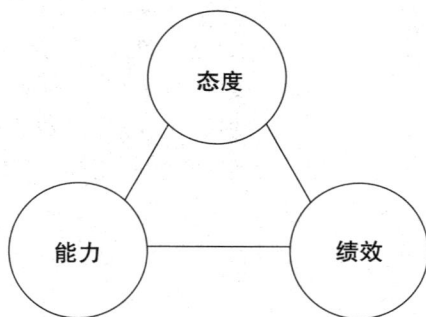

图 3-1　人才盘点的 3 个维度

态度，包括员工工作的积极性，员工的主观能动性、主观意愿，员工对自身岗位的工作抱有多大的热情；为了把自己的工作做好，员工愿意付出多大的努力，也就是员工愿不愿意把工作做好。员工的价值观、敬业度、满意度等，一般都属于态度维度的内容。

能力，包括员工的个人素质、知识水平、技能水平、工作经验或对工作的熟练程度，也就是员工有没有能力把工作做好，或者员工做好工作的可能性有多大。员工的潜质、潜力、潜能等，一般都属于能力维度的内容。

绩效，包括员工在工作岗位上实际展现出来的成果，也就是员工实际上有没有达成岗位要求的工作目标，有没有达到组织要求，有没有把工作做好。员工的绩效评级、工作成果、工作评价等，一般都属于绩效维度的内容。

通过在态度、能力和绩效 3 个维度上对人才进行评估，组织可以形成表 3-1 所示人才质量盘点统计表。

表 3-1　人才质量盘点统计表

姓名	态度	能力	绩效
张三			
李四			
王五			

如果组织人才盘点的最终输出物只有一张表的话，可以是上表。人才质量盘点统计表可以用来总括组织人才盘点的最终结果。上表仅为示例，组织可以根据自身情况和需要对其进行丰富和完善。例如，组织可以在态度、能力和绩效模块内做进一步的细分。假如张三、李四、王五这 3 人的岗位相同，对应的能力和绩效指标也相同，彼此之间具备一定的可比性，那么这 3 个维度中的每个维度都可以再细分，以便彼此进行比较。

3.1.2　3 类方法：人才盘点可使用的方法和工具

要准确盘点人才质量，需要方法和工具的支持。测评维度不同，需要使用的方法和工具也有所不同。

1. 态度维度测评

要测评员工的态度，可以运用人才测评的方法，常用的工具包括心理测试、性格测试、领导力测试、思维能力测试、专家访谈、角色扮演游戏等。

2. 能力维度测评

要测评员工的能力，可以运用构建岗位胜任力的方法，常用的工具包括岗位胜任力模型、冰山模型等。

3. 绩效维度测评

要测评员工的绩效，可以运用绩效管理的方法，包括绩效管理工具、绩效管理程序和绩效评价方法。其中，绩效管理工具包括目标管理（Management by Objectives，MBO）法、关键绩效指标（Key Performance Indicators，KPI）法、目标与关键成果（Objectives and Key Results，OKR）法、关键成功要素（Key Success Factors，KSF）法、平衡计分卡（Balanced Score Card，BSC）等。

绩效管理程序一般包括绩效指标分解、绩效计划制订、进行绩效辅导、进行绩效评价、绩效结果反馈和绩效结果应用等。

绩效评价方法一般包括 360 度评估法、关键事件法、行为锚定法、行为观察法、加权选择法、强制排序法、强制分布法等。

3.1.3　3种分析：盘点结果该如何分析

态度、能力和绩效3个维度既可以放到一起分析，也可以单独分析。如果放在一起分析，可以把其中两个维度放在一起分析，也可以把3个维度放在一起分析。由此人才盘点就形成了3种常见的分析，分别是单维度分析、双维度分析和三维度分析。

1. 单维度分析：数量平面结构图法

单维度分析指针对人才盘点的单个维度实施的分析，这种分析中最常用的方法是数量平面结构图法。所谓数量平面结构图法，指组织根据员工在单个维度上的数量情况，画出数量结构比例对应的图形，并判断图形的优劣。

举例

某公司共有员工1000人，公司对当前员工的能力情况进行盘点，其中能力较强的员工为100人，占比为10%；能力中等的员工为200人，占比为20%；能力较弱的员工为700人，占比为70%。此时，该公司员工能力结构呈现出1∶2∶7的数量关系。

该公司员工能力结构的数量关系呈金字塔形结构，将这种数量关系转化成图形，如图3-2所示。

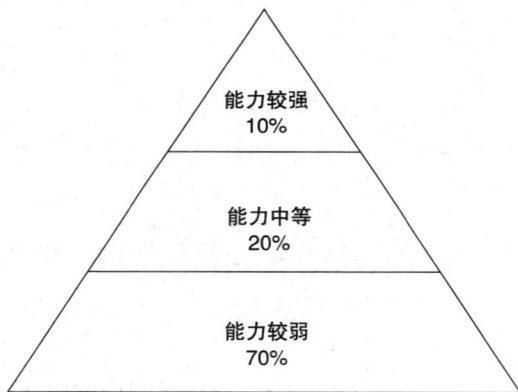

能力较强
10%

能力中等
20%

能力较弱
70%

图3-2　某公司员工能力结构的数量关系示意图

该公司处于快速发展时期，需要大量的后备人才，当前这种员工能力结构对公司未来发展显然是不利的，因此该公司应当制订员工培养计划，及时提高员工的能力水平。

2. 双维度分析：坐标轴法

双维度分析指针对人才盘点中某两个维度实施的分析，这种分析中最常用的方法是坐标轴法。所谓坐标轴法，指组织以某一维度为横轴，另一维度为纵轴，在坐标轴中设定高低或大小关系，分出不同类别，再根据员工实际情况，将员工安放在对应的类别中。这样根据不同类别员工的特点，组织可采取相应的应对措施。

举例

　　某公司按照态度和能力两个维度实施人才盘点，并分别把人才的态度和能力两个维度划分成高和低两个层级（"高"代表态度较好或能力较强，"低"代表态度较差或能力较弱，后同），形成态度－能力四宫格人才盘点工具，如图 3-3 所示。

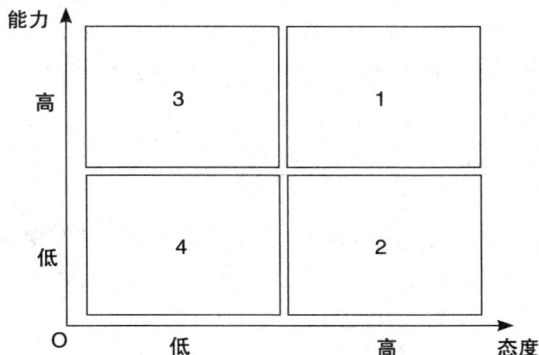

图 3-3　态度－能力四宫格人才盘点工具

　　上例中的"高"和"低"应当事先划分出明确的标准，对态度、能力的评价，都应遵循此标准。例如，可以设定能力得分为 70 分及以上算"高"，70 分以下算"低"；也可以设定能力等级为 A 级和 B 级算"高"，C 级和 D 级算"低"。

　　上图中的态度－能力四宫格人才盘点工具按照"高""低"两个层级，把人才质量盘点的结果划分成 4 种情况。除此之外，组织也可以按照"高""中""低"3 个层级，把人才盘点的结果划分成 9 种情况。

举例

　　某公司按照绩效和能力两个维度实施人才盘点，并分别把人才的绩效和能力两个维度划分成高、中、低 3 个层级，形成绩效－能力九宫格人才盘点工具，如图 3-4 所示。

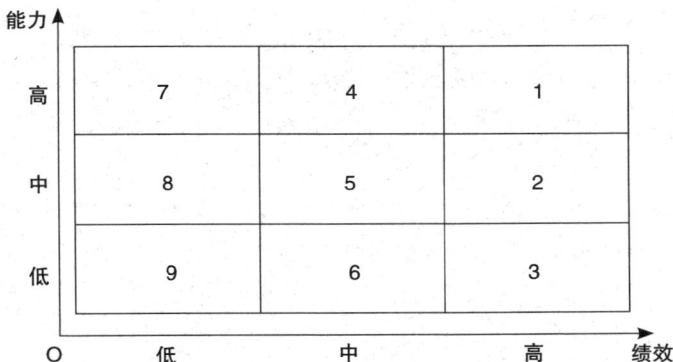

图 3-4　绩效－能力九宫格人才盘点工具

在坐标轴法中，不论是形成四宫格工具，还是形成九宫格工具，组织下一步要做的都是根据人才的情况，将人才划分到不同的单元格中，并对处于不同单元格的人才实施不同的应对措施。

3. 三维度分析：空间结构图法

三维度分析指针对人才盘点的 3 个维度同时实施的分析，这种分析中最常用的方法是空间结构图法。所谓空间结构图法，指以 3 个维度为轴，画出空间结构图，参照类似坐标轴法的分析方法，对人才进行分类。这样根据不同类别人才的特点，组织可采取相应的应对措施。

举例

某公司按照绩效、能力、态度 3 个维度实施人才盘点，并分别把人才的绩效、能力、态度 3 个维度划分成高、低两个层级，形成人才盘点的八方格魔方，如图 3-5 所示。

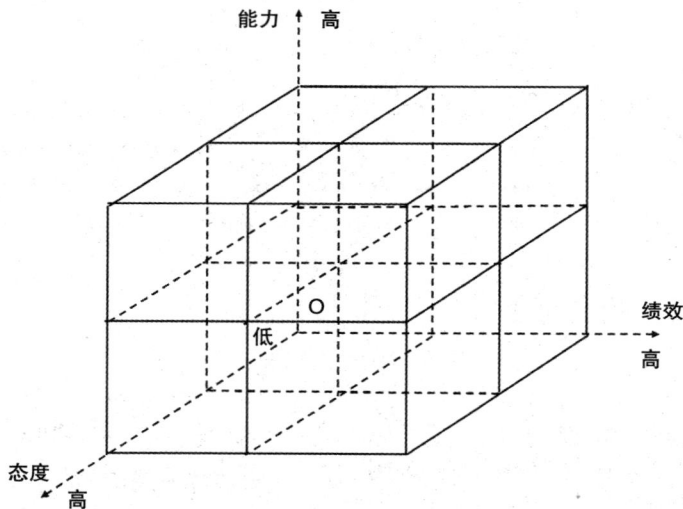

图 3-5　人才盘点的八方格魔方

与双维度分析中的四宫格工具和九宫格工具的分类原理类似，三维度分析中同样可以在不同维度上划分出高、低两个层级或高、中、低 3 个层级。

举例

某公司按照绩效、能力、态度 3 个维度实施人才盘点，并分别把人才的绩效、能力、态度 3 个维度划分成高、中、低 3 个层级，形成人才盘点的二十七方格魔方，如图 3-6 所示。

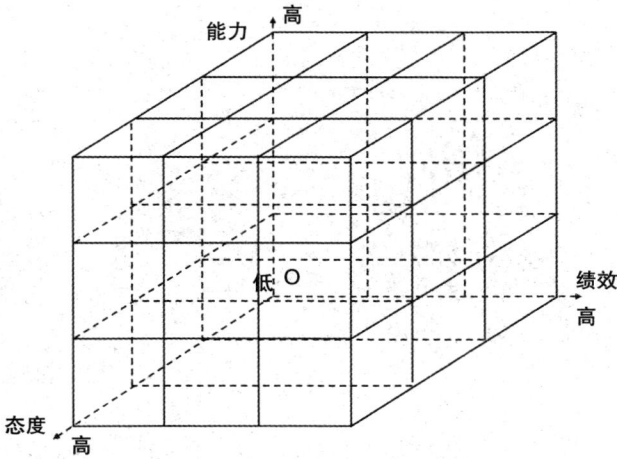

图 3-6 人才盘点的二十七方格魔方

3.2 单维度人才盘点

单维度人才盘点通常是采用数量平面结构图法，选择单个维度实施人才盘点。

态度或能力或绩效单维度的数量平面结构图分别分成高、中、低 3 个层级后，通常可以得到 5 种情况，分别是橄榄形、倒金字塔形、直方形、花生形、金字塔形，如图 3-7 所示。

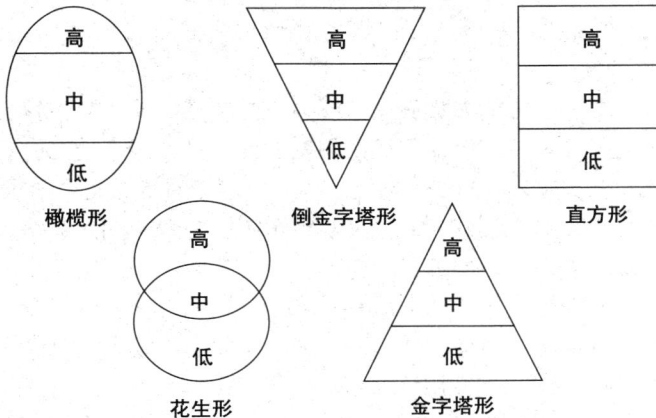

图 3-7 态度或能力或绩效单维度的数量平面结构图

根据每个层级的人数比例，组织能绘制出态度或能力或绩效单维度的数量平面结构图，从而非常直观地看到整个组织当前人才在态度、能力和绩效单维度上的数量结构情况，为下一步采取相应措施提供依据。

3.2.1 人才态度结构盘点

对于人才态度结构盘点，在橄榄形、倒金字塔形、直方形、花生形、金字塔形5种人才态度结构中，哪一种结构最优呢？原则上应当是态度较好的人数越多越好，态度较差的人数越少越好。

一般来说，在这5种人才态度结构中，倒金字塔形＞直方形＞橄榄形＞花生形＞金字塔形。

直方形中虽然态度较差的人数不少，但态度较好的人数同样不少，3个层级的人数相当，因此它比倒金字塔形差，但与其他3种结构相比较优。

橄榄形中虽然态度较差的人数较少，但态度较好的人数同样较少，因此它与直方形相比较差，与花生形和金字塔形相比较优。

花生形中虽然态度较好的人数较多，但态度较差的人数同样较多，同时态度中等的人数较少，缺少承上启下的结构，因此它比橄榄形更差，但比金字塔形略优。

金字塔形结构中态度较差的人数较多，态度较好的人数较少，非常不利于组织发展，因此该结构最差。

3.2.2 人才能力结构盘点

对于人才能力结构盘点，在橄榄形、倒金字塔形、直方形、花生形、金字塔形5种人才能力结构中，哪一种结构最优呢？

一般来说，在快速发展且需要大量人才的组织中，倒金字塔形＞橄榄形＞直方形＞花生形＞金字塔形；在平稳发展且人才需求有限的组织中，橄榄形＞倒金字塔形＞直方形＞花生形＞金字塔形。

橄榄形中处于中间位置的人数最多，能力较强和较弱的人数比较少。尽管从表面看，组织优秀的人才并不多，但如果组织需要的话，可对能力处在中等水平的人才进行培养和提升。此外，能力较弱的人数比较少，不至于对组织发展形成阻碍。

倒金字塔形从表面看比较好，似乎表明组织中能力较强的人非常多，可以说人才济济。但一般来说，组织中能力较弱的人不应当占多数，否则组织发展就没有足够的人才支撑。同时，能力较强的人也不需要占多数，因为组织提供的职业机会、发展空间和薪酬待遇都是有限的，如果优秀人才太多，反而会导致大部分优秀人才得不到锻炼或得不到期望待遇，最终离开组织，这对组织发展不利。

如果组织处于快速发展时期，有足够的发展空间和平台提供给这部分优秀的人才，那么优秀人才的占比应当大一些。如果不是快速发展的组织，倒金字塔形结构会导致人才过剩，使组织发展存在不稳定性。对一般的组织来说，能力处在中等水平的人占全体员工的比例为 50%~70% 是比较理想的状态。

直方形看起来比较平均，能力较强、中等、较弱的人数一样，但这可能会让组织在未来发展过程中出现人才不足的状况。

花生形很容易导致人才断层，可能严重影响组织发展。

金字塔形中能力较强的人数太少，无法对组织发展产生支撑作用；能力较弱的人数又太多，会阻碍组织的发展。

花生形和金字塔形都是不太健康的人才能力结构，如果出现这种结构，组织应马上采取行动。

3.2.3　人才绩效结构盘点

对于人才绩效结构盘点，在橄榄形、倒金字塔形、直方形、花生形、金字塔形 5 种人才绩效结构中，哪一种结构最优呢？

一般来说，在发展较好、资金或资源比较充足的组织中，倒金字塔形 > 橄榄形 > 直方形 > 花生形 > 金字塔形；在发展情况一般或较差、资金或资源不充足的组织中，橄榄形 > 倒金字塔形 > 直方形 > 花生形 > 金字塔形。

判断人才绩效结构优劣的原理与判断人才能力结构优劣的原理有些类似。员工达到高绩效水平，代表员工期望获得的奖励水平也会相应提高。如果组织的资金或资源不允许组织为全部高绩效员工提供高额奖励，这时就会出现高绩效员工离职的现象。

倒金字塔形虽然是很多组织期望的人才绩效结构，但如果不具备一定的资金或资源就采用这种人才绩效结构，对组织发展往往是不利的。

橄榄形比较平稳，也是实践中大部分健康平稳发展的组织采用的人才绩效结构。

对大多数组织来说，直方形也可以接受，比较不可接受的是花生形和金字塔形，尤其是金字塔形。当出现这两种人才绩效结构时，组织应立即采取整改措施。

3.3　双维度人才盘点

双维度人才盘点通常是采用坐标轴法，选择两个维度实施人才盘点。双维度人才盘点被广泛应用在各大组织的人才盘点实践中，后文介绍的阿里巴巴、华为和京东实施的都是基于坐标轴法的双维度人才盘点。

3.3.1 态度－能力二维盘点

态度－能力二维盘点可以根据高、低两个层级采取态度－能力四宫格工具，也可以根据高、中、低3个层级采取态度－能力九宫格工具。本小节以态度－能力四宫格工具为例对人才类型加以说明，如图3-8所示。

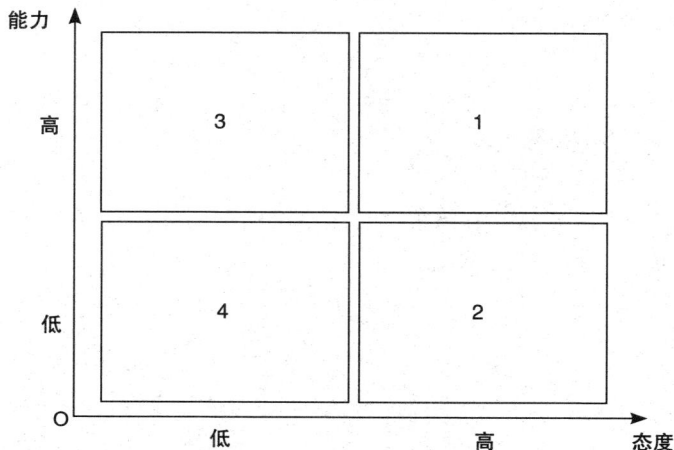

图 3-8　态度－能力四宫格工具

第1类代表人才的工作积极性和能力较强。这类人才是组织的宝贵财富，是组织发展的中流砥柱。在推动组织发展、为组织创造价值方面，绝大多数贡献都是由这部分人才完成的。

对这类较杰出的人才，组织应重点给予晋升和发展，或提供一些特别福利、特殊照顾。如果组织持续对这类人才不闻不问，那么这类人才就有可能被竞争对手挖走。当外部诱惑足够大时，这类人才很可能会选择离开。

第2类代表人才拥有较强的工作积极性，但在工作能力上有所欠缺。这类人才具备成为组织发展中坚力量的潜力。组织应为这类人才提供必要的培训，想方设法提高这类人才的能力，让这类人才朝第1类人才努力。

第3类代表人才能力虽然较强，但是他们的工作积极性较弱，用俗话说就是"有劲儿不愿使"。对于这类人才，组织要加强管理，通过完善的规章制度和科学的绩效管理来评估、规范和引导他们的行为，让他们也能够向第1类人才努力。

第4类代表人才工作态度较差，工作能力也较弱。这类人才对组织的相对价值较低。组织对待这类人才的策略通常是先具体了解和分析情况，可以给予一定的培训，加强绩效管理或制度建设，也可以实施必要的轮岗、降级或在本岗位中继续观察和锻炼。

这4类人才在组织中的占比一般是第1类为20%左右，第2类为30%左右，第3类为30%左右，第4类为20%左右。

3.3.2 绩效 – 能力二维盘点

绩效 – 能力二维盘点同样可以根据高、低两个层级采取绩效 – 能力四宫格工具，也可以根据高、中、低3个层级采取绩效 – 能力九宫格工具。为与上小节区分开来，本小节以绩效 – 能力九宫格工具为例，选择其中比较具有代表性的人才类型加以说明，如图3-9所示。

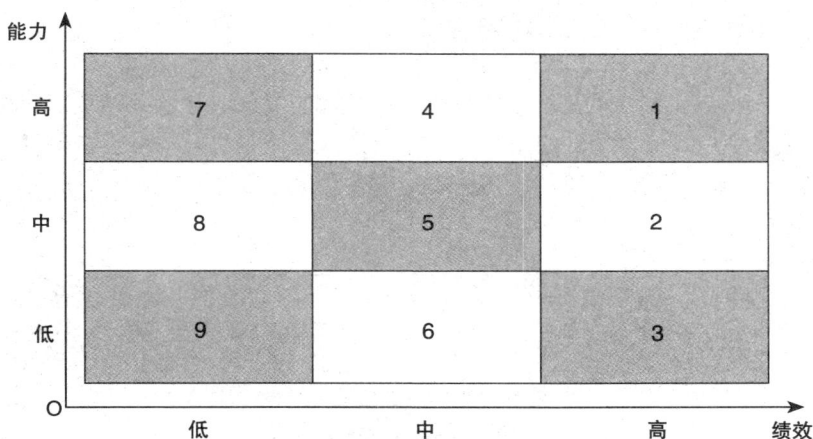

图 3-9 绩效 – 能力九宫格工具

第1类代表绩效水平高、能力水平也高的人才。对于这类人才，组织可以根据具体情况考虑进行提拔和晋升，给予更多的奖励或激励。组织应做好对这类人才的保留工作。

第9类代表能力水平比较低、绩效水平也较低的人才。这类人才是否对组织没有价值呢？其实不是，这就反映出不同二维盘点之间存在的差异。对于这类人才，组织要评估其工作态度。如果人才的工作态度没问题，那么绩效水平低的直接原因可能是人才能力水平较低，所以组织可以加强培养和培训，或采取轮岗方式锻炼这类人才。

例如，许多应届生作为组织新员工入职时，能力水平通常较低，绩效水平也较低。这类人才基本属于第9类人才。但应届生中不乏吃苦耐劳、踏实勤奋等工作态度积极的人才，组织应重点关注并培养这类人才。

其中比较异常的人才是第7类和第3类。

第7类代表能力水平较高、但绩效水平较低的人才。对于这类人才，组织要考虑其能力和绩效是否存在不匹配的情况，以及人才从事的岗位是否不能发挥其能力优势，此时组织可以考虑给这类人才调岗；若是这类人才在工作方式方法上存在问题，组织需要做出绩效指导；若是这类人才的工作态度出现问题，组织需要了解清楚原因后，再尝试在绩效或制度上做出相应努力。

第3类代表绩效水平较高、但能力水平较低的人才。出现这种情况，原因可能是人才所在岗位绩效和能力的相关性不大，也可能是绩效指标设置出了问题，还可能是能力体系评估出了问题。对此，组织同样需要根据实际情况进行具体分析。

第5类代表绩效水平中等、能力水平中等的人才。在一个稳定发展的组织中，这类人才的数量通常不在少数。这类人才能够在组织中起到承上启下的关键作用。

在绩效－能力九宫格中，健康的人才结构存在一定的比例特征。一般第1类，也就是特别优秀的人才不需要太多，所占比例通常为10%~20%；第9类，也就是特别差的人才也不应当太多，所占比例为10%~20%。大部分人才应当处于中间水平。

3.3.3　态度－绩效二维盘点

态度－绩效二维盘点同样可以根据高、低两个层级采取态度－绩效四宫格工具，也可以根据高、中、低3个层级采取态度－绩效九宫格工具。本小节以态度－绩效九宫格工具为例，选择其中比较有代表性的人才类型进行说明，如图3-10所示。

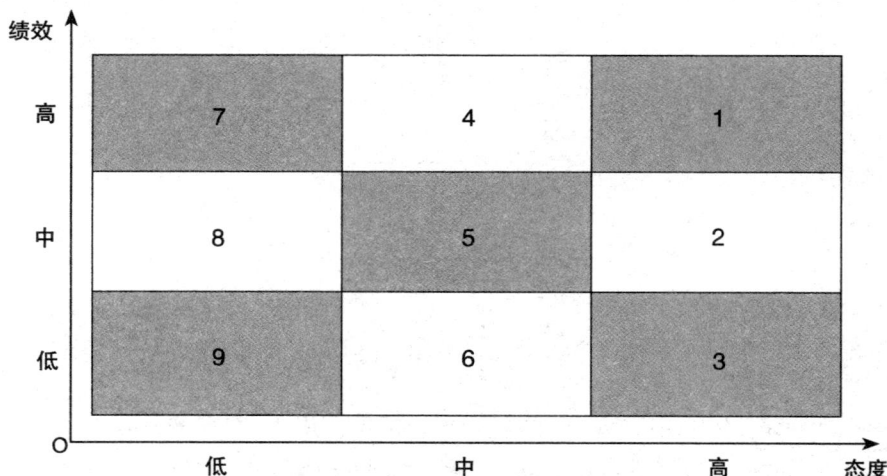

图3-10　态度－绩效九宫格工具

第1类代表人才的态度较好，绩效水平较高。这类人才属于组织的核心人才，是组织的核心人力资本，也是组织要重点培养的人才。

第9类代表人才的态度较差，绩效水平较低。这类人才属于组织中比较差的人才，对组织的发展通常是不利的。对此，组织需要实施必要的调岗或培训等措施，在多次尝试无效后，可以选择将其淘汰。

第3类代表人才的态度较好，绩效水平较低。对于这类人才，组织要找到其绩效水平低的原因，根据情况给予绩效辅导。这类人才绩效水平低的原因可能是人岗不匹配，或者个人能力较差。此时，组织应当实施必要的调岗或培训等措施。如果在多次尝试后，这类人才的绩效水平仍然较低，组织同样可以选择将其淘汰。

第7类代表态度较差、绩效水平较高的人才。对于这类人才，不同组织的做法有所不同。有的组织主张这类人才要重用，因为组织不是员工思想的改造中心，在一个具有包容性的组织中，只要员工不起反作用，应当允许员工具有一定个性。有的组织则认为这类人才要坚决清除，因为态度差的员工必然会影响其他员工，导致团队氛围变差。

当然，这里对态度的定义是笼统的，并没有指明某种具体的态度。当分析某种具体的态度时，对第7类人才的盘点会相对比较明确。例如，阿里巴巴将对人才态度盘点的重点放在员工的价值观与公司的价值观是否匹配上。阿里巴巴认为价值观与公司的价值观不匹配的人才不应该存在于公司内。

第5类代表态度中等、绩效水平中等的人才。这类人才是组织发展的重要支撑力量，组织要加强关注并予以培养。

在态度-绩效九宫格中，健康的人才结构同样存在一定的比例特征。一般第1类人才所占比例为10%~20%，第9类人才所占比例为10%~20%，大部分人才处于中间水平。

3.4 三维度人才盘点

如果把态度、能力、绩效3个维度放到一起分析，同样划分高、中、低3个层级，就会形成一个人才盘点二十七方格魔方，如图3-11所示。

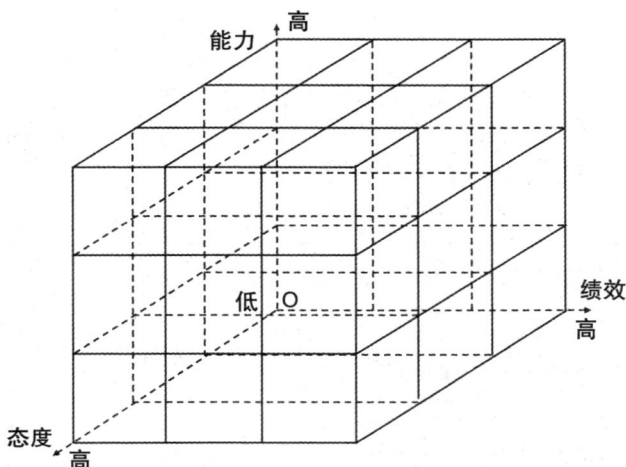

图3-11 人才盘点二十七方格魔方

人才盘点二十七方格魔方工具虽然比较复杂，但它可以形成一个相对完整的人才分析体系。组织通过人才盘点二十七方格魔方，能够同时看到人才在态度、能力和绩效3个维度的全貌。

　　处在魔方最外延格子中的人才，工作积极性较强、工作能力较强、绩效水平较高，是组织的核心人才，是组织最应该关注和保护的人才。处在魔方最内侧底部靠近坐标轴心格子中的人才，工作积极性较弱、工作能力较弱、绩效水平较低，是对组织价值最低的人才。

　　人数较多（一般超过 10000 人）的组织或对管理要求较高的组织，可以用人才盘点二十七方格魔方进行人才盘点。规模不大、对人才管理要求相对不高的组织如果也想运用此工具，那么可以只划分高、低两个层级，这时能够得到人才盘点八方格魔方，呈现出 8 种情况，如图 3-12 所示。

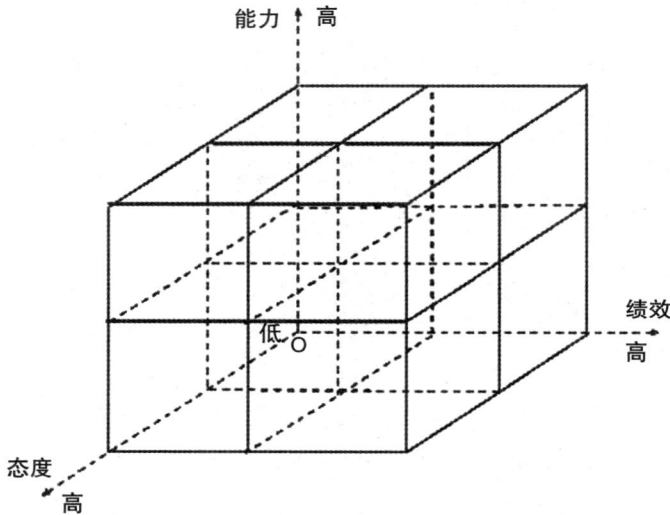

图 3-12　人才盘点八方格魔方

　　人才盘点魔方是三维立体图形，看图形可能并不直观。为直观表达人才分类情况，我们可以把人才盘点魔方里的方格通过表格的形式展示出来。图 3-11 中的所有人才可以被分成 27 种情况，如表 3-2 所示。

表 3-2　人才盘点二十七方格魔方的 27 种情况

情况	态度	能力	绩效
1	高	高	高
2	高	中	高
3	高	高	中
4	高	低	高
5	高	中	中
6	高	高	低

续表

情况	态度	能力	绩效
7	高	中	低
8	高	低	中
9	高	低	低
10	中	高	高
11	中	中	高
12	中	高	中
13	中	低	高
14	中	中	中
15	中	高	低
16	中	中	低
17	中	低	中
18	中	低	低
19	低	高	高
20	低	中	高
21	低	高	中
22	低	低	高
23	低	中	中
24	低	高	低
25	低	中	低
26	低	低	中
27	低	低	低

对于处在这27种情况下的人才，组织要注意这些情况产生的原因，以及可能需要采取的应对策略。对于人力资源管理比较成熟的组织来说，大部分人的各维度都处在中等水平。在这27种情况中，有些情况是人数较少或没人的。

例如，情况4代表人才工作态度较好，绩效水平很高，但能力却较差。这属于比较反常的情况。如果把情况9和情况4放在一起比较，则更能够体现情况4的反常程度。正常情况下，人才能力较差时，绩效水平也会相应较低。

这时候，组织要考虑造成这种情况的原因。假如能力评估没问题的话，则要评估绩效指标设置是否存在问题；假如绩效指标设置没有问题的话，则要评估能力水平的认定是否存在问题；假如两者都没问题的话，则要评估该岗位绩效指标是否与人才能力的相关度较低，如果是的话，则要判断这个岗位绩效指标和什么能力的相关度较高。

这类人才如果持续保持绩效水平高、能力较差的状态，就很难做到主动提升自己的能力。如果未来情况发生变化，当这类人才所在岗位的绩效和能力的相关性变得比较强时，那么这类人才很可能会产生挫败感。所以，组织要想办法增强岗位能力需求和绩效水平之间的相关性。

比情况4还异常的是情况22，也就是人才的态度较差、能力较弱，但绩效水平却很高。出现这种情况表明组织存在的问题比较大，而且问题很可能是出在组织的绩效管理体系上。

情况6同样也是一种异常情况，人才的工作态度很好、能力也很强，但绩效水平却比较低。如果是外界环境造成组织整体绩效水平比较低，则没有问题，但如果不是，那么组织要评估原因，看人才努力的方向或使用的方法是否出了问题。

情况9是组织最应该给予培训和指导的情况。这种情况是人才的工作态度较好，但是能力较差、绩效水平较低。这种情况下的人才往往具备一定的主观能动性和积极性，绩效水平较低的原因是能力较差，所以需要组织重点关注。

对于情况24，组织应该给人才提供绩效管理方面的引导。这种情况是人才本身的能力没问题，但绩效水平低，这很可能是因为人才的工作态度消极。这时候组织提供绩效管理上的引导就显得非常重要。有的组织会把焦点放在人才的态度上，想尽一切办法改变人才的态度。但这样做通常很难取得成功，因为人才的态度很难改变。其实组织不需要总想着改变人才的态度。

通过人才盘点魔方，组织能对人才进行分类，并基于分类进一步分析，从而检验组织态度测评体系、能力测评体系和绩效测评体系的运行情况，同时也能根据具体情况，制订组织下一步对待不同类型人才的具体行动计划。

需要注意的是，人才盘点魔方实施起来较为复杂，不容易把握，管理成本较高。中小型组织应当谨慎选用，其可以借鉴人才盘点魔方的思维或方法，而不一定要照搬人才盘点魔方的形态来进行组织的人才盘点。

☑ 实战案例
阿里巴巴的人才盘点

阿里巴巴由以曾担任英语教师的马云为首的18人于1999年在中国杭州创立。阿里巴巴的业务包括核心商业、云计算、数字媒体、娱乐及创新业务。除此之外，关联方蚂蚁金服为阿里巴巴平台上的消费者和商家提供支付和金融服务。

人才盘点会议被阿里巴巴列为年度最重要的3个会议之一。在人才盘点会议上，马云会认真梳理手中的"王牌"。根据马云的自述，其手中有200~300张王牌，而他心目中的标杆——美国通用电气（General Electric，GE）公司的前首席执行官杰克·韦尔奇（Jack Welch）手中有5000张王牌。

马云说："假如杰克·韦尔奇今天来上海出差，他就会打开记录，看在上海有谁是那5000张王牌里的，他就会约他喝咖啡，聊聊天，聊的时候他会记笔记。他会不断地到世界各地见这5000个人并记笔记。所以，杰克·韦尔奇其实是GE公司最大的人力资源官。"

阿里巴巴的人才盘点关注以下3个层面。

1. 组织层面

在组织层面，阿里巴巴关注如下内容。

（1）业务布局，企业的年度战略和目标。

（2）人才整体结构各维度的数据，包括员工层级分布、职能分布、工龄情况、年龄情况、性别情况、学历情况、地域情况、入职情况、离职情况等。

（3）关键人才分布情况，包括关键人才现状、关键人才的发展情况等。

2. 团队层面

在团队层面，阿里巴巴关注如下内容。

（1）人才梯队建设的盘点，通常从各级管理者往下至少看两层，看其是否完整。

（2）人才价值观和绩效的盘点，根据价值观和绩效的九宫格，盘点人才的属性。

（3）团队管理行为的盘点，包括团队雇用了什么人、解雇了什么人、调来了哪些人、调走了哪些人、表扬了哪些人、批评了哪些人等。

3. 个人层面

在个人层面，阿里巴巴关注如下内容。

（1）个人的价值观情况。

（2）个人的绩效情况。

（3）个人的能力情况。

（4）个人的特质情况。

（5）个人的潜质情况。

通过人才盘点，阿里巴巴根据员工的价值观和业绩的不同，把员工分成5种类别，分别是"明星""野狗""牛""兔子""狗"，如图3-13所示。

业绩
Performance

野狗 Wild Dog		明星 Star
	牛 Bull	
狗 Dog		兔子 Rabbit

价值观
Value

O

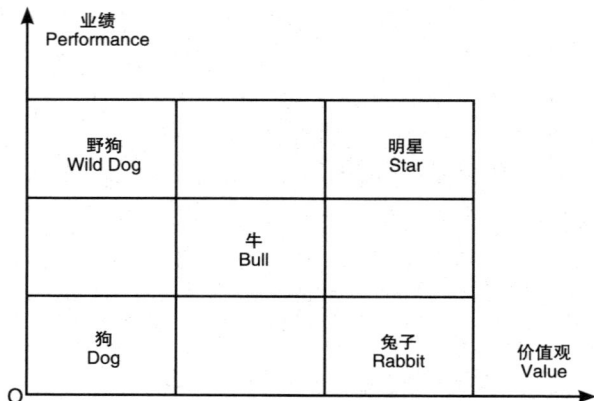

图 3-13　阿里巴巴的人才盘点

（1）"明星"（Star），指的是价值观与阿里巴巴的价值观非常符合，业绩也非常优秀的人才。

（2）"野狗"（Wild Dog），指的是业绩非常优秀但价值观与阿里巴巴的价值观不符的人才。

（3）"牛"（Bull），指的是价值观与阿里巴巴的价值观基本相符、业绩中等的人才。

（4）"兔子"（Rabbit），指的是业绩较差但价值观与阿里巴巴的价值观相符的人才。

（5）"狗"（Dog），指的是业绩和价值观都不达标的人才。

在这5类人才中，"明星"的占比为20%~30%，"牛"、"兔子"和"野狗"的占比之和为60%~70%，"狗"的占比为10%左右。阿里巴巴鼓励管理者给自己的下属打分，并且根据上述比例特征对员工进行强制性排序。

这也是阿里巴巴强调各部门管理者参与和实施人才盘点的一种表现，即通过强调管理者的责任，让管理者关注下属。据说通过这种方式，阿里巴巴的管理者对下属的关注度会提高60%。针对人才盘点的结果，阿里巴巴采取的策略是，消灭"狗"和"野狗"，请走"老白兔"（指长期人才盘点结果被评为"兔子"的人才）。

"狗"因为业绩和价值观都不达标，所以要坚决清除；"野狗"虽然业绩达标，但是价值观与公司的价值观不符，如果不能使其迅速提高对公司的价值观的认同度而成为"明星"，其可能会呈现强大的反作用力。这种反作用力在业绩数据的掩盖下，可能会给团队带来强大的负能量，长期下去整个团队的价值观都会被扭曲，甚至会发展为公司价值观的对立面。阿里巴巴对"狗"和"野狗"采取的是零容忍的态度，是从严、从重、从快、公开处理的方针。

阿里巴巴的人才盘点会重点关注"老白兔"。马云说："小公司的成败在于聘请什么样的人，大公司的成败在于开除什么样的人。大公司中有很多'老白兔'不干活，并且他们会慢慢传染更多的人。"

阿里巴巴认为，当公司规模比较小，各项机制还不健全的时候，对公司伤害比较大的是"狗"和"野狗"；当公司发展到一定程度，各项机制完善之后，对公司伤害最大的往往是"老白兔"。

"老白兔"看似兢兢业业，其实没有产出、没有作品、没有业绩，偶尔还会说一些不利于公司发展和打击团队士气的风凉话。当公司快速发展时，这类人才会越来越多，他们会影响很多新人对公司的信任程度。这类人才所在的岗位本来可以创造更多的价值，但因为他们占据了岗位不离开，可能会使公司错过很多机会。

阿里巴巴在每次实施人才盘点后，都会特别标注出"狗""野狗""老白兔"。阿里巴巴的人力资源管理人员会重点跟踪和落实这些人才的情况，关注他们的岗位变化、绩效变化、态度和工作状态变化。阿里巴巴会充分讨论这些人才的岗位调整和去留问题，确保组织的正常运转。

☑ 实战案例
华为的人才盘点

在华为的人才盘点中，比较经典的工具有 4 个。

1. 绩效 - 素质二维人才盘点

华为在人才盘点方面，曾采用过比较经典的二维人才盘点工具，即对人才从绩效和素质两个维度进行评估。其中，绩效维度主要指的是员工的绩效结果评价情况，素质维度主要指的是员工的态度和能力情况。

华为绩效 - 素质二维人才盘点示意图如图 3-14 所示。

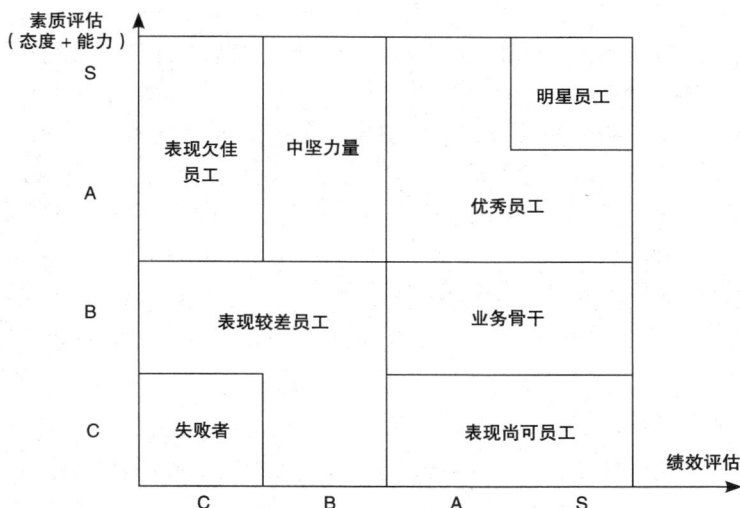

图 3-14　华为绩效 - 素质二维人才盘点示意图

华为一开始将绩效和素质维度分别分为 S、A、B、C 这 4 个层级，其中 S 级为最高级，C 级为最低级。后来又分成 A、B+、B、C、D 这 5 个层级。层级划分方式不影响对人才盘点方法论的应用，此处使用 S、A、B、C 的层级划分方式。

华为人才盘点结果可以分为以下 8 类。

（1）明星员工

明星员工指的是绩效评估为 S 级，素质评估也是 S 级的员工，这类员工是公司升职加薪的主要人选。

（2）优秀员工

优秀员工指的是绩效评估为 A 级及以上，同时素质评估也是 A 级及以上的非明星员工。公司会积极培养这类员工，给予其更多机会。

（3）业务骨干

业务骨干指的是绩效评估为 A 级及以上，但素质评估为 B 级的员工。对于这类员工，公司会适当加强职业素养培训和能力锻炼，让其成为公司的业务骨干，进而向优秀员工的行列发展。

（4）中坚力量

中坚力量指的是绩效评估为 B 级，素质评估为 A 级及以上的员工。对于这类员工，公司会考虑帮助其进一步发展，向其提出更大的业绩责任，并给予其在绩效达成过程中的指导。

（5）表现尚可员工

表现尚可员工指的是绩效评估为 A 级及以上，但素质评估为 C 级的员工。这类员工比较特殊，公司会为其保留原位，同时加强对其职业态度、能力与职业素养等方面的培养与训练。

（6）表现欠佳员工

表现欠佳员工指的是绩效评估为 C 级，但素质评估为 A 级及以上的员工。对于这类员工，公司会仔细分析其优势所在，给予其更多的工作指导或调整其岗位。

（7）表现较差员工

表现较差员工指的是绩效评估为 B 级，同时素质评估为 B 级或 C 级，或者素质评估为 B 级，绩效评估为 B 级或 C 级的员工。对于这类员工，公司会给予温馨提示，向其提供针对性的能力提升或绩效改善方面的支持，必要时会适当调整其岗位。

（8）失败者

失败者指的是绩效评估为 C 级，同时素质评估也是 C 级的员工。对于这类员工，公司会在 3 个月内调整其岗位。失败者如果调岗后依然没有进步，则有可能会被淘汰。

2. 人才潜力评价表

在绩效－素质二维人才盘点完成后，对于绩效评估和素质评估都较优的员工，华为还会评价其潜力情况。对于有潜力的员工，华为会重点培养或给予晋升。华为曾采用过人才潜力评价表，如表 3-3 所示。

表3-3 人才潜力评价表

潜力测评维度	人际情商	结果导向	思维心智	变革创新
定义	对应人际敏锐力，指拥有卓越的沟通、冲突管理、自我察觉、自我提高、组织等能力	对应结果敏锐力，指能够克服困难，打造高绩效团队，并激发团队的高能动性	对应思维敏锐力，指视野广阔，能够从容应对各类环境，思路清晰，能够有效解读外部信息和进行内部思考	对应变革敏锐力，指永不满足，热衷创新，领导变革，能够引入新的观点
标准1	对人际关系有较高的敏感度	有较强的自我驱动力和能动性	在专业领域有较强的专业能力和视野	不满足于现状，持续改善
得分（1~5分）				
标准2	能够通过交流有力地影响他人	愿意付出足够的努力，吃苦耐劳	具有解决问题的有效方法	愿意迎接挑战，不轻易放弃难点
得分（1~5分）				
标准3	能够倾听和接纳不同的意见和负面情绪	具有较高的绩效水平，能够激发团队的动力	从容面对复杂模糊的环境	善于引入新的观点和方法
得分（1~5分）				
标准4	能够自我察觉内在情绪和自我进化	能够鼓励自己和他人发挥绩效潜力	清晰地思考并向他人解读	热衷于收集和尝试新的方案与创意
得分（1~5分）				
标准5	善于组织和协调各方	为达成结果，不拘泥于某种方法	善于发现错误，并将其视为改进机会	能够推动变革
得分（1~5分）				

华为针对每一个员工，按照人才潜力评价表，根据各项标准进行打分，并将分数加总。将分数加总后，不同得分对应的人才潜力评价结果如表3-4所示。

表3-4 不同得分对应的人才潜力评价结果

总得分	20分及以上	14~19分	8~13分	7分及以下
对应结果	高潜力	中等潜力	中低潜力	低潜力

3. 工作定量分析及效能提升表

对于在职员工的工作情况，华为会定期分析并努力提升员工的工作效率。华为曾使用工作定量分析及效能提升表，如表 3-5 所示。

表 3-5　工作定量分析及效能提升表

频率	性质	主要工作内容	日均用时（时）	占日均实际工作量的比例	结合公司和部门目标，实现效率提升的方法	工作调整后日均用时（时）	工作调整后占日均实际工作量的比例
每天	固定	面试	5	59.17%	1.…… 2.……	4	61.07%
每天	固定	发布招聘信息	1	11.83%	1.…… 2.……	0.5	7.63%
每天	非固定	指导实习生	0.5	5.92%	1.…… 2.……	1	15.27%
每周	固定	准备并参加人力资源周例会	1.6	18.93%	1.…… 2.……	0.8	12.21%
每月	固定	与劳务派遣公司结算	0.2	2.37%	1.…… 2.……	0.15	2.29%
每月	非固定	猎头与劳务派遣费用审批、流转	0.15	1.78%	1.…… 2.……	0.1	1.53%
合计			8.45	100%		6.55	100%

4. 岗位评估组织机构图

为整体把握团队内部各岗位工作情况，评估各岗位工作成果，华为曾使用岗位评估组织机构图。华为通过将团队的编制情况、团队内部各成员的绩效情况、司龄情况、职级情况等表示在一张岗位评估组织机构图中，能快速判断、查找和发现团队问题及其解决方法。岗位评估组织机构图如图 3-15 所示。

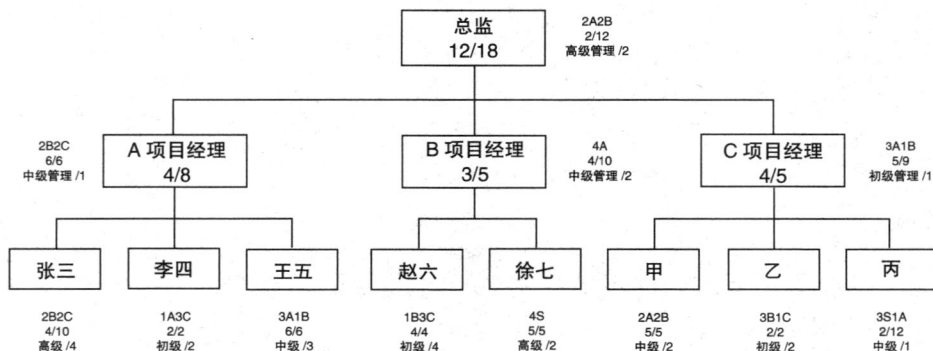

图 3-15　岗位评估组织机构图

在图 3-15 中，单元格内包含岗位名称或该岗位从业人员。单元格内的数字，前一个表示所在部门现有人数，后一个表示所在部门编制总人数。华为通过现有人数和编制人数，能看出团队人员缺失情况。

单元格旁边的信息，第 1 行表示该岗位过往连续 4 次绩效评估结果。华为通过过往连续 4 次绩效评估结果，能够看出岗位从业人员的绩效水平和稳定性。

第 2 行第 1 个数字表示该岗位从业人员当前司龄年限，代表岗位从业人员在本公司的工作年限；第 2 个数字表示工龄年限，代表岗位从业人员曾有过的工作年限。华为通过司龄年限和工龄年限的信息，能看出岗位从业人员的经验情况。

第 3 行的第 1 个信息表示该岗位从业人员当前的职级，第 2 个信息表示该岗位从业人员处于当前职级的年限。华为通过职级信息，能够了解当前岗位从业人员的能力和经验情况。

华为把对人才的整体评估结果分成卓越、合格、基本合格与不合格 4 种，通过岗位评估组织机构样图中连续 4 次绩效评估结果，能针当前岗位从业人员得出如下结论。

绩效评估结果卓越的人为：徐七、丙。

绩效评估结果合格的人为：B 项目经理、C 项目经理、王五、甲。

绩效评估结果基本合格的人为：总监、李四、乙。

绩效评估结果不合格的人为：A 项目经理、张三、赵六。

运用岗位评估组织机构图实施团队人员的管理与评价能够做到使结果一目了然，有效提升管理效率。

☑ 实战案例
京东的人才盘点

京东曾采用经典的二维人才盘点工具，以潜力和绩效作为人才盘点的两个维度，将每个维度分成高、中、低 3 个层级。潜力指的是人才值得培养的程度，绩效指的是绩效结果。京东二维人才盘点结果示意图如图 3-16 所示。

图 3-16　京东二维人才盘点结果示意图

1. 超级明星

超级明星指的是潜力较大、绩效水平较高的员工。这类员工会展现出极大的发展潜力和非常优秀的绩效表现。如果公司不对这类员工提出新的挑战或给予更多机会，他们可能会出现倦怠，甚至离职。

应对策略：激励倾斜，重点保留，加薪晋升，让这类员工承担更大的责任。

2. 潜力之星

潜力之星指的是潜力较大、绩效水平中等的员工。这类员工的绩效一般，但潜力突出，可能是工作动力不足或人岗匹配问题造成其没有展示出高绩效水平。

应对策略：采用正确的激励方式，考虑晋升或加薪，设置与业绩相关的挑战目标。

3. 待发展者

待发展者指的是潜力较大、绩效水平较低的员工。这类员工的潜力突出，绩效水平却较低，原因可能是到岗时间不长、尚未适应岗位，也可能是工作动机不足，还可能是其与团队管理者对工作的看法不一致，能力得不到发挥。

应对策略：根据情况分析原因，给予辅导和培训，给予资源支持和机会，帮助其提升绩效。

4. 绩效之星

绩效之星指的是潜力中等、绩效水平较高的员工。这类员工在现岗位上表现优秀，有一定发展潜力，需要进一步开发。

应对策略：重点保留，合理激励，考虑晋升或加薪，扩大职责，给予锻炼机会。

5. 中坚力量

中坚力量指的是潜力中等、绩效水平中等的员工。这类员工已经达到现职务的绩效标准，并具备一定的发展潜力，是可以依靠的稳定贡献者。

应对策略：给予关注和辅导，安排具有挑战性的任务。

6. 差距员工

差距员工指的是潜力中等、绩效水平较低的员工。这类员工在之前的工作经历中显示出一定的潜力，但当前绩效水平较低，可能是因为尚未适应岗位。

应对策略：分析原因，给予支持；调整岗位，继续观察；降职降薪，给予绩效辅导。

7. 熟练员工

熟练员工指的是潜力较小、绩效水平较高的员工。这类员工在现岗位上绩效非常突出，但潜力不足，可能会限制个人发展，是企业中的"老黄牛"。

应对策略：稳定激励，扩大职责，给予支持，使其在现岗位上继续发展。

8. 基本胜任员工

基本胜任员工指的是潜力较小、绩效水平中等的员工。这类员工基本能达到岗位绩效要求，但潜力有限，短板较明显，胜任范围有限，可能后劲不足。

应对策略：留任现岗或适当调岗，确保绩效稳定，给予一定的辅导和培训。

9. 问题员工

问题员工指的是潜力较小、绩效水平较低的员工。这类员工没有达到职务要求的绩效标准，能力水平有限，潜力不足，急需提升绩效和能力。

应对策略：如果是关键岗位的员工，确定存在继任者，应给予这类员工一定的轮岗培训机会或直接将其淘汰。

第4章
岗位胜任力模型建设

运用岗位胜任力模型的基本原理是根据组织的愿景／战略／目标，定义组织需要的能力以及各岗位需要的能力，通过培养或补充能力短板，让各岗位人才的能力达到组织要求，从而创造出高水平绩效和高价值，帮助组织实现愿景／战略／目标。

4.1 岗位胜任力模型基本认识

胜任力（Competency）的概念是由哈佛大学心理学教授戴维·麦克莱兰（David McClelland）于1973年正式提出的。麦克莱兰教授也是人力资源管理基础理论工具冰山模型的提出者。随着胜任力概念的提出，麦克莱兰教授提出了胜任力模型（Competency Model）的概念。

最早的岗位胜任力模型用于研究和区分卓越绩效者与普通员工，其中包括对形象、认知、动机、特质、态度、价值观、知识、技能等维度的测量和区分。后来随着岗位胜任力模型在实践中的应用与发展，逐渐衍生出多种应用。

4.1.1 维度分类：岗位胜任力模型的4个维度

狭义的岗位胜任力模型仅指达到岗位要求、完成岗位目标所需要的能力。而广义的岗位胜任力模型可以包含岗位所需要的素质、知识、能力、经验等各项任职资格，如表4-1所示。

表4-1 广义的岗位胜任力模型的4个维度

类别	内容
素质	性别、年龄、性格、人格、素养、智商、价值观等
知识	专业、学历、社会培训、证书、认证、专利、岗位需要的知识等
能力	通用能力、专业能力等
经验	持续运用某项能力的时间

1. 素质

素质一般是指那些由个人自身特质决定的，根深蒂固的，不太容易改变的东西，包括性别、年龄、性格、人格、智商、自我定位、忠诚度、世界观、人生观、价值观等。

2. 知识

知识一般是指那些通过学习得到的东西，包括专业、学历、学位、社会培训、证书、认证、专利以及岗位需要的知识等。

3. 能力

能力一般是指在一定知识的基础上，能够完成某个目标或者任务的可能性，是对知识的转化。知识和能力是不同的，光有知识没有能力就是纸上谈兵。

举例

掌握游泳的知识和掌握游泳的能力是两个不同的概念。如果只掌握游泳的知识，但不具备游泳的能力，也就是知道应该如何游，但不会游。如果把这个人直接扔到水里面，他可能会淹死。

开车也是同样的道理。人们在考驾照时，一般都要先学习理论，也就是驾驶知识。但掌握了驾驶知识就能开车了吗？当然不能，如果只掌握驾驶知识，不掌握驾驶能力，那么一定开不好车。

能力可以分成通用能力和专业能力。

通用能力指的是几乎每个岗位都要用到的能力。例如，沟通能力、组织能力、协调能力、理解能力、分析能力。

专业能力指的是专属于某类岗位的，其他岗位几乎不需要的能力。例如，飞机驾驶员需要具备开飞机的能力，挖掘机操作员需要具备开挖掘机的能力，化妆师需要具备化妆的能力。

4. 经验

经验一般是指某人从事一项工作的时间长短。能力一般和经验有一定的相关性，但并非持续相关。一般来说，随着时间的增加与经验的增长，能力的提升会趋于平缓。

举例

一般人开车3年左右，开车的能力基本就具备了，即使再开车3年，在能力上一般也不会有特别大的提升，这时候增长的主要是经验，而经验主要体现为做一些事情的熟练程度和处理一些异常状况的能力。

总结下来，素质维度反映了候选人"能不能"做，知识维度反映了候选人"知不知道"怎么做，能力维度反映了候选人"会不会"做，经验维度反映了候选人"做了多久"或者"熟练程度"怎样。

利用这4个维度，组织就可以定义出岗位胜任力模型。

举例

某公司要招聘一位主要处理事务性工作的普通行政文员。这个岗位上的从业人员如果工作优秀，未来工资可能会提高，但没有太多晋升和发展空间。

这个岗位的素质要求一般为性格温和，与世无争；对智力水平要求不太高，达到平均水平就可以；不要求有成就导向；对自我定位要求不高，最好求平稳；年龄要求最好在 25 岁以上、35 岁以下。

这个岗位的知识要求一般为学历不需要太高（考虑到稳定性）；专业最好是文秘类、管理类、经济类等，其他专业也可以考虑；最好接受过一些专业的办公软件培训，或者具备办公软件操作的基本知识。

这个岗位的能力要求一般为具备沟通能力、组织协调能力、解决问题的能力等通用能力，以及办公软件应用能力、文字速录能力等专业能力。

这个岗位的经验要求一般是有连续 1 年以上、5 年以下的工作经验。因为行政文员的工作性质在每个公司都差不多，有一些经验的人比完全没有经验的人更容易适应岗位，而且这时候其他公司已经帮忙做完人才培养了。

当某岗位 4 个维度的要求全部确定后，照着这 4 个维度招聘，不仅有方向性，而且招聘到的候选人与岗位的匹配度会比较高，稳定性会比较强，敬业度也会比较高，易于实现个人和组织的双赢。

组织在利用这 4 个维度进行岗位招聘时，要注意这 4 个维度的权重是不同的。一般来说，素质维度应当占较高的权重，因为素质一般比较难改变。

例如性格，每个人的性格在 24 岁之后基本就固定了。有时候外界环境变化会造成人们性格的变化，但对大部分人来说这种变化都较小。至于世界观、人生观、价值观，每个人都有所不同，而一般人在 30 岁前如果没有受到比较大的刺激，往后其三观都不会有太大改变。

而知识、能力、经验都是可以通过后天努力获得的。只要某人素质达标，这些维度都是可以培养的；但如果某人素质不达标，再怎么培养这些维度，也是没办法获得良好的结果的。

4.1.2 组成要素：区分不同等级

岗位胜任力模型每个维度下的每项特质都可以分成不同的等级，并配上详细的文字描述。

例如，素质层面的团队精神特质通常是指在团队目标下，对团队利益和协作的共同认知。将其分级后如表 4-2 所示。

表 4-2 团队精神分级样表

级别	文字描述
一级	能在团队中配合其他成员，有合作精神，态度端正，考虑团队目标与利益
二级	尊重团队中的每一位成员，能在团队中积极配合其他成员，有较好的合作精神，态度端正，当团队利益与个人利益发生冲突时，以团队利益为先
三级	能经常为团队提出有意义、建设性的意见，当团队利益与个人利益发生冲突时，总是以团队利益为先
四级	能主动加强与团队中其他成员的合作，当团队利益与个人利益发生冲突时，总是以团队利益为先，并愿意牺牲个人利益

教育背景按学历可以分为初中、高中（包括中专和中等技术学校）、大专、本科、研究生。组织可以将教育背景划分成4级，如表4-3所示。

表4-3　教育背景分级样表

级别	文字描述
一级	初中、高中
二级	大专
三级	本科
四级	研究生

组织知识包括行业知识、产品知识、组织文化（发展历史、发展理念等）、组织结构、基本规章制度和流程等，也可以分成4个等级，如表4-4所示。

表4-4　组织知识分级样表

级别	文字描述
一级	熟悉员工手册
二级	了解组织发展历史、相关产品知识，熟悉本岗位相关管理制度、流程
三级	全面了解组织历史、现状、未来发展方向及目标，相关产品知识，以及相关管理制度、流程
四级	熟悉组织整体运作流程、制度，了解组织整体战略规划及战略步骤

对某一专项知识，也需要用此方式分类，比如财务知识包括：A.会计学原理、统计学原理、税收原理，B.工业公司财务管理、工业公司会计、会计电算化，C.管理会计、成本会计，D.审计学，E.金融证券、投融资管理。对财务知识的分级如表4-5所示。

表4-5　财务知识分级样表

级别	文字描述
一级	了解某一类所包含的基本知识
二级	掌握A、B类所包含的知识，了解C类知识
三级	精通A、B、C类知识，掌握D、E类知识
四级	精通A、B、C、D、E类知识

能力维度中的沟通能力通常是指通过口头和书面方式表达、交流思想的能力。将其分级后如表4-6所示。

表 4-6 沟通能力分级样表

级别	文字描述
一级	能够就工作事项进行联系或相互间的简单交流
二级	能够与他人进行较清晰的思想交流，在书面沟通方面文法规范，能够抓住重点，让别人易于理解
三级	掌握较好的沟通技巧，具有较强的说服力和影响力，进行书面沟通时有较强的感染力
四级	沟通时有较大的个人魅力，影响力极强，进行书面沟通时有很强的感召力

经验维度也可以分级，如表 4-7 所示。

表 4-7 经验维度分级样表

级别	文字描述
一级	2 年以下相关经验
二级	2~6 年相关经验
三级	7~15 年相关经验
四级	15 年以上相关经验

4.1.3 等级定义：给每个等级明确定义

岗位胜任力模型中各维度的等级划分没有固定标准，组织应根据实际情况划定岗位胜任力模型中各维度的等级，比如可以根据本组织现有员工的职级来划分岗位胜任力要素，可以根据当前岗位的员工在不同岗位胜任力要素方面的实际能力水平来划分等级。注意，岗位胜任力要素的每个等级都应有清晰明确的定义。

举例

某公司根据员工、主管和经理 3 类岗位的特点，通过岗位胜任力模型构建方法，将不同岗位的胜任力模型分成发展能力和核心素质两部分，如表 4-8 所示。

表 4-8 某公司不同岗位的胜任力模型

胜任力类别	员工	主管	经理
发展能力	（无要求）	（无要求）	战略分析能力
			决断能力
			抗压能力
		培养与发展他人的能力	培养与发展他人的能力

胜任力类别	员工	主管	经理
发展能力	（无要求）	经营分析能力	经营分析能力
		领导能力	领导能力
		成就导向	成就导向
核心素质	顾客导向	顾客导向	顾客导向
	沟通能力	沟通能力	沟通能力
	执行力	执行力	执行力
	公司认知	公司认知	公司认知
	诚信自律	诚信自律	诚信自律

为区分不同岗位胜任力要素的具体要求，该公司对不同岗位胜任力要素进行等级划分，为方便应用，所有岗位胜任力要素被分成4级。其中，最低级代表该项岗位胜任力要素不合格，其余3级代表能力水平依次升高。

诚信自律的等级划分如表4-9所示。

表4-9 诚信自律的等级划分

等级	行为等级的参考标准
杰出	具有高尚的行为操守，能影响和感染身边的员工，工作正派，能够揭发营私舞弊的行为
优秀	讲信用，并且能够揭露谎言，维护公司的规章制度，以身作则
合格	为人正直，实事求是，遵守公司的规章制度，保守公司的商业机密
不合格	表里不一，为了一己私利损害公司的利益，违反公司的规章管理条例

公司认知的等级划分如表4-10所示。

表4-10 公司认知的等级划分

等级	行为等级的参考标准
杰出	能够弘扬公司的文化精神，爱企如家，对公司忠诚度高
优秀	对公司有归属感、荣誉感、认同感，积极维护公司的形象
合格	认同公司文化，能够融入公司的工作中
不合格	不认同公司文化，对公司的一些经营理念、工作内容不认可，甚至会宣传公司的一些负面信息

执行力的等级划分如表4-11所示。

表4-11　执行力的等级划分

等级	行为等级的参考标准
杰出	对于计划的实施有强大的推动能力，能在计划实施过程中适当进行监控和指导，并能根据计划的执行效果进行跟踪、反馈和改进
优秀	有一定的计划推行与实施能力，对计划的实施有一定的监控能力，能较好地协调各方面的资源
合格	能够较好地理解并执行上级的指令
不合格	无法将上级给予的指示较清晰地传递给下属，计划的推行实施能力差，无法调动各方面资源，对于计划实施缺乏控制、反馈与跟进

沟通能力的等级划分如表4-12所示。

表4-12　沟通能力的等级划分

等级	行为等级的参考标准
杰出	沟通时有较强的个人魅力，影响力极大，有很强的感召力
优秀	能够与领导、员工清晰地交流，表达流畅、主次分明、易于理解
合格	工作中遇到问题能够及时向领导汇报，并与员工进行交流和沟通
不合格	不善表达与沟通，不能与总部各关联科室及关联部门进行有效沟通

顾客导向的等级划分如表4-13所示。

表4-13　顾客导向的等级划分

等级	行为等级的参考标准
杰出	带领员工形成一种顾客至上的服务理念，发展忠诚顾客
优秀	依据顾客的需求，带领员工为顾客提供优质的服务
合格	尊重顾客，并能将服务理念传递给员工，善于挖掘顾客的需求
不合格	不尊重顾客，不能挖掘顾客的需求，无法处理好顾客的投诉

成就导向的等级划分如表4-14所示。

表4-14　成就导向的等级划分

等级	行为等级的参考标准
杰出	主动性很强，工作有激情，有自己明确的发展目标，敢于挑战更高的职务，并通过自身感染周围的员工
优秀	进取心强，追求卓越，并主动学习、接受培训
合格	具有一定的进取心和工作的主动性
不合格	不思进取，满足现状

领导能力的等级划分如表4-15所示。

表4-15　领导能力的等级划分

等级	行为等级的参考标准
杰出	能统筹好各方资源，并保证物尽其用，打造出一支凝聚力强、向心力强的工作团队，能够形成自己独特的管理风格
优秀	能对公司资源进行一定的统筹利用，准确把握团队工作效率，查找问题、提出解决方案，带领员工团结一心地完成各项工作
合格	能有条理地制订计划并合理安排实施，能够协调本部门内部关系，高效利用资源和精力，注重团队凝聚力的打造
不合格	无法针对公司的实际情况制定出有效的工作目标和计划，不善于制定工作的标准和流程，杂乱无序地开展工作，不懂得管理员工，导致员工缺乏向心力和凝聚力

经营分析能力的等级划分如表4-16所示。

表4-16　经营分析能力的等级划分

等级	行为等级的参考标准
杰出	能够就公司目前的经营状况及行业竞争对手的经营状况做出准确的分析和比较，并制订相应的调整方案；能够将复杂的问题通过数字的形式进行分解，使其简单化、规律化，并合理解决
优秀	具备较强的综合分析能力、推理能力、行业竞争意识，能够从销售报表中发现问题并提出解决方案
合格	善于观察和分析问题，具备一定的数字敏感度，懂得通过数据解决问题
不合格	数字概念不明确，观察、分析、概括理解能力差，思维不活跃，思路不清晰

培养与发展他人的能力的等级划分如表4-17所示。

表4-17　培养与发展他人的能力的等级划分

等级	行为等级的参考标准
杰出	支持并配合公司的人才发展战略，为公司培养优秀的人才
优秀	通过亲自示范和详细讲解操作步骤的方式帮助下属掌握工作技能；了解下属需求，指导下属工作；定期对下属进行轮流培训
合格	认识到为公司培养储备干部的重要性；遇到培训的机会，愿意让员工去尝试，会为员工的未来做一些考虑
不合格	没有培训和发展他人的意识，不愿意教别人，阻碍公司员工的晋升和发展

抗压能力的等级划分如表4-18所示。

表 4-18 抗压能力的等级划分

等级	行为等级的参考标准
杰出	具有乐观积极的态度，能够承受较大的压力，并将压力转化为动力，同时激励本部门的员工
优秀	在较大的压力下能够带领团队继续开展各项工作
合格	能够承受一定的压力，拥有迎难而上的动力
不合格	遇到问题不冷静、急躁，知难而退

决断能力的等级划分如表 4-19 所示。

表 4-19 决断能力的等级划分

等级	行为等级的参考标准
杰出	在复杂的情况下能够表现出高度的理性，迅速做出决断
优秀	对于突发的事情能够当机立断并迅速做出决策，对于员工提出的建议能够进行合理的思考并做出决定
合格	做决策时需借助他人的力量，通过协调决定
不合格	优柔寡断、延误时机、判断困难

战略分析能力的等级划分如表 4-20 所示。

表 4-20 战略分析能力的等级划分

等级	行为等级的参考标准
杰出	具备将战略目标落实为具体行动规划的能力，能够总结战略实施的成败经验，向上做出反馈，促进公司不断调整与优化经营计划
优秀	了解公司战略制定的背景、原则，对于公司发展将面临的机会与挑战有较清晰的认识，能够总结一部分公司战略的成败经验
合格	目光长远，能够有效分析公司的战略
不合格	不清楚公司将遇到的机遇与挑战，战略分析能力差

4.2 岗位胜任力模型构建方法

要应用岗位胜任力模型做好能力管理，首先要学会构建岗位胜任力模型。实务中，构建岗位胜任力模型的常用方法有3种，分别是总结归纳法、战略推导法和引用修订法。这3种方法没有好坏之分，组织可以根据自身实际情况选择运用。

4.2.1　总结归纳法：通过典型访谈建模

采用总结归纳法进行岗位胜任力模型构建适合比较成熟、稳定、具备一定的规模，且管理水平相对比较高的组织。

总结归纳法的实施可以分成以下3步。

1. 寻找高绩效水平员工

针对待研究的岗位，找到一些在该岗位上绩效水平比较高的员工。这里要注意，有时候高绩效水平不一定是员工个人努力的结果，也可能是环境因素影响的结果。所以在找绩效水平比较高的员工时，组织要剔除环境因素，从员工个人努力程度方面着手。

组织在寻找高绩效水平员工时，最好选择素质和能力水平排在前25%的优秀员工，这样构建出来的岗位胜任力模型适合在组织内推广。

不建议选择那种绩效水平特别高、特别优秀的员工。因为借助特别优秀的员工构建的岗位胜任力模型水平比较高，不适合在组织内大范围推广。当然，借助水平较低的员工构建的岗位胜任力模型同样没有价值，也不适合在组织内大范围推广。

在组织内寻找高绩效水平员工，就像从一群篮球运动员中找明星球员。找明星球员时要注意，不能只看球员的得分。一些球员的得分比较高，可能是因为他有一个非常好的助攻伙伴，离开那个助攻伙伴以后，他的得分会很低。也就是说，那个助攻伙伴虽然得分较低，但反而更可能是明星球员。

2. 访谈与归纳

与几个高绩效水平员工进行访谈，归纳他们达到高绩效水平的原因。这时候，组织也可以对绩效水平高的员工和绩效水平一般的员工作比较，看他们在素质、知识、能力和经验这些岗位胜任力上具体存在哪些差异。在分析这些差异时，组织要评估是否是这些差异引起了绩效水平的不同。

举例

当我们观看一场篮球比赛时，发现有一名球员的得分特别高，而且他得分高确实是因为他的个人能力强。这时候我们可以进一步观察他个人能力强的具体原因，是具有身高优势、体重优势，还是具有速度优势，抑或是具有技术优势。

在这一过程中，我们还可以不断比较那些得分一般的球员。此时我们可以进一步思考，假如得分高的球员是因为身高很高，可那些得分一般的球员中也有身高很高的人，他们为什么得分不高呢？假如得分高的球员是因为具有技术优势，可球技好的人也有很多，为什么得分没有他高呢？

经过总结，我们可能会发现，得分高的球员不一定是在某一个方面特别突出，而是在某几个方面同时满足一些条件。

3. 总结

按照岗位胜任力模型的要求，最终将高绩效水平员工的个体原因总结为素质、知识、能力和经验4个维度。当然，如果组织用的是狭义的岗位胜任力模型，也可以只在能力维度上做总结。

总结归纳法操作起来并不容易，需要操作者具备一定的观察能力、分析能力和总结归纳能力。一般来说，工作经验丰富、对某个岗位熟悉、已经有一定积累的人比较适合采用这种方法。

4.2.2　战略推导法：运用设计推理建模

战略推导法是一种根据组织的战略目标推导人才需求的方法，这种方法本质上是一种逻辑推理方法。

战略推导法的实施步骤相较于总结归纳法更简单，可以分成以下3步。

第1步：搞清楚组织的战略、愿景、使命和核心价值观，也就是把组织想做什么完全弄明白。

第2步：分析组织的战略、愿景、使命和核心价值观，明确具体需要达到什么样的目标，这一步就是把一些比较虚的口号变成比较实的目标。

第3步：根据第2步总结出来的组织想达成的目标来推导组织对岗位的需求，推导岗位的具体胜任力模型的需求。

举例

张三想要组建一支篮球队，参加CBA联赛（假设这件事成立）。张三给这支球队设定的目标是打入CBA联赛的季后赛。这时候张三可以开始推导，要打入CBA联赛的季后赛，这支球队要取得什么样的成绩呢？

参加CBA联赛季后赛的球队要在常规赛时打进前8名。所以要达成打进季后赛的目标，张三就要保证其球队在常规赛时打进前8名。要保证这支球队能在常规赛时打进前8名，那么按理来说球队的整体实力要能够排进前8名。这支球队的整体实力相当于组织能力。

要让球队整体实力排进前8名，理论上需要球队中各个位置球员的实力也要大约排进前8名。当然，这里要考虑球员间配合的默契程度问题，因为在团体运动中，可能会出现1+1＞2的情况，也可能会出现1+1＜2的情况。

但张三为了让目标达成的概率更高，保证球队能稳定打进前8名，就要求球队各个位置的所有球员在CBA联赛相应位置都要排进前8名。参照这样的标准，张三就可以给这支球队建立各岗位(位置)的胜任力模型了。张三也可以开始按照这个岗位(位置)的胜任力模型找球员了。

此案例中，组建球队与组织寻找人才同理。

战略推导法的优点是能让组织建立的岗位胜任力模型与组织的战略、愿景、使命和核心价值观密切相关，让岗位胜任力模型构建的整个过程的逻辑非常清晰。简单地说，战略推导法能使组织的岗位胜任力模型有利于组织发展战略的实施。

运用战略推导法，组织还可以为当前还不存在的岗位建立胜任力模型。就像上文组建球队的案例，虽然当前这支球队还不存在，但根据已有的其他球队的情况及现有的数据，张三可以推导出这支球队的成员需要具备什么样的胜任力。

某些组织为了开展新业务，需要在还没有团队成员的情况下构建岗位胜任力模型，这时总结归纳法是不适用的，而应采用战略推导法。

战略推导法的缺点是缺乏具体的行为依据，有时候利用该方法构建的岗位胜任力模型可能会有些空泛、抽象，或者脱离现实。另外，这种方法的实施步骤虽然比较简单，但推导过程其实并不简单，需要操作者对组织战略非常了解，对外部市场环节准确把握，并对业务十分精通，否则可能会放大这种方法的缺点，使岗位胜任力模型的构建变成纸上谈兵。

4.2.3 引用修订法：巧用"拿来主义"建模

与总结归纳法和战略推导法相比，引用修订法是最简单的岗位胜任力模型构建方法。为什么说简单？因为这种方法遵循"拿来主义"，说得直白一些，就是参考别的组织已有的岗位胜任力模型。引用修订法特别适合中小型组织或管理基础较差的组织，也比较适合想要快速建立岗位胜任力模型的组织。

引用修订法并不是拿来就用，也要分步骤实施，具体可以分成以下3步。

第1步：通过专业咨询公司、同行业做得比较优秀的组织找到岗位胜任力模型，或对标组织现成的岗位胜任力模型。

第2步：根据本组织实际情况对找到的岗位胜任力模型做出一定的修改，把不切实际的、本组织没有的或没办法评价的项目删掉或替换掉。

第3步：把修改后的岗位胜任力模型投入应用。这种通过"拿来主义"得来的模型通常和组织的实际需要存在一定差异，组织需要在应用过程中，不断做出修正和改进。

组织如果可以接触到比较专业的管理顾问，那么可以请专业的管理顾问列出一些通用的岗位胜任力模型项目，然后由组织内相关人员讨论、选择、筛选出适合本组织的岗位胜任力模型。

举例

接上小节中张三组建篮球队的例子。张三除了可以通过打入季后赛这个目标来推导需要什么样的球员，也可以找几个常年能打入季后赛的球队，研究这些球队的球员组成；还可以直接根据这些球队选球员的标准为自己的球队选择球员。

这时候张三可能会发现，那些常年打入季后赛的球队当中，并非所有位置的球员都可以排进前8名。基于此，张三也许可以总结出如下规律。

例如，要保证两个后卫中有一个必须排在前 8 名，另一个可以排在前 16 名。大前锋和小前锋中有一个必须排在前 8 名，另一个可以排在前 16 名。中锋必须排在前 8 名。（仅举例说明，并非真实情况。）

当有了这类总结后，张三可以再根据这些条件总结不同岗位（位置）的胜任力模型。

引用修订法的优点是省时省力。对于想初步引进岗位胜任力模型概念，但又没有能力在岗位胜任力模型开发上做大量投资的组织来说，引用修订法不失为一种有效的方法。

引用修订法的缺点是得到的岗位胜任力模型中通用的成分可能会比较多，岗位胜任力模型和具体的组织文化、组织战略等的关联不一定紧密。所以组织在建立岗位胜任力模型时，也可以考虑综合运用战略推导法和引用修订法。

4.3 人才画像描绘

人才画像指的是岗位需求人才的基本属性。通过描绘人才画像，组织能够精准定位出岗位需求人才的标准框架。围绕人才画像实施人才测评和人才选拔，有助于组织提高人才选拔的效率和成功率。

4.3.1 匹配方式：人岗匹配与人人匹配

有人觉得，岗位胜任力模型和人才画像都是用来明确岗位需求人才的基本属性的，它们的功能相同，好像是一回事。实际上，岗位胜任力模型和人才画像之间确实存在一定的关联，但这两种工具的定位有所不同。

岗位胜任力模型是"以岗对人"，或者叫"以岗找人"，就是通过组织需要的岗位来匹配、明确这个岗位需要的人才特质，最终得到的结果是"人岗匹配"；人才画像是"以人对人"，或者叫"以人找人"，就是通过组织需要的岗位上能把工作做好的人才特质来匹配、明确这个岗位需要的人才特质，最终得到的结果是"人人匹配"。

实际上，除了"以岗找人"和"以人找人"，还有一种用人模式是"以角色找人"，最终得到的结果是"角色匹配"。这里的角色与岗位族群、序列中的角色含义相同。当既没有已经存在的岗位，也没有在这个岗位上绩效比较好的人可以参考时，组织就可以用角色来找人。

例如，刚成立不久的一家互联网公司的业务模式是全中国的首例，没有可以参考借鉴的对象。如果这家公司需要招聘销售岗位人员，但这类销售岗位又和传统的销售岗位不同，该公司就可以"以角色找人"。此时，这家公司可以研究这类销售岗位需要扮演什么角色。假如研究后发现，需要的销售岗位实际上扮演着一种市场开发加技术指导的角色，该公司就可以根据这一角色的特点来实施人才招聘。

人才画像的"人人匹配"、岗位胜任力模型的"人岗匹配"和"以角色找人"的"角色匹配"，这三者之间既不矛盾，也不冲突。组织在进行人才选拔时，可以使用这3种工具中的任何一种，也可以根据需要将这3种工具合并使用。

4.3.2 组成要素：人才画像包含这些维度

在刑侦类影视作品中经常会有这样的桥段：某位刑警或侦探在勘察了犯罪现场之后，说犯罪嫌疑人应该是男性，年龄为30~35岁，身高为170~175厘米，体形偏瘦，未婚，性格内向，不喜欢交朋友，父母离异，等等。

这个过程在刑侦学中叫"描绘犯罪心理画像"。刑侦专家不需要见到犯罪嫌疑人，只需要根据其作案的时间、地点、手段、凶器等信息就可以大致判断出其生理特征、心理特征、受教育程度或家庭状况。

与犯罪心理画像类似，产品营销中有用户画像的概念，描绘用户画像就是营销人员根据产品的特性，描绘出对这种产品有需求，可能会购买、使用这种产品的用户具备什么样的特征。描绘人才画像也是类似的道理，它是指组织在实施人才招聘前，根据岗位需求的特性，描绘所需求人才的各类特质。

不论是描绘犯罪心理画像还是用户画像，都是为了把视野聚焦在某一类人身上，集中优势资源，重点针对这类人采取行动。这样做能最低成本、最快速度地达成目标。

描绘人才画像也是为了在茫茫人海中锁定组织要找的候选人，帮助组织快速、精准地实施招聘。有了人才画像，组织就能知道需要的人才可能会在什么地方，从而有针对性地开展招聘，更加精准地找到和筛选出高匹配度的候选人。

很多猎头之所以总能帮助组织快速精准地找到合适的人才，正是因为他们掌握了描绘人才画像的方法。猎头会像刑侦专家在破案前描绘犯罪心理画像一样，在正式开展人才招聘工作前，认真描绘人才画像。

人才画像的要素可以参考广义的岗位胜任力模型的维度进行划分，如大类可以分成素质、知识、能力和经验；也可以在大类的基础上做更细致、更个性化的划分，如可以细分出身高、体重、年龄、性别、性格、属地、爱好、动机、专业、学历、学校、成绩、培训、资质等维度。

举例

某公司会计师岗位的人才画像内容如下。

年龄：30~40岁。

性别：不限。

专业及学历：财政、会计、金融、经济学等相关专业，本科以上学历。

性格：偏猫头鹰型或考拉型性格（PDP职业性格测试）。

相貌：五官周正。

属地：最好是本地人，通勤时间在 1 小时以内。

知识：拥有注册会计师证书或特许公认会计师公会资格证书。

技能：具备较强的数据分析能力，良好的口头及书面表达能力，良好的团队协作能力、执行力。

经验：具有年销售额超百亿元的大型企业合并工作或事务所工作经验。

4.3.3　描绘方法：人才画像可以这样画

描绘人才画像可以分成 3 个步骤，如图 4-1 所示。

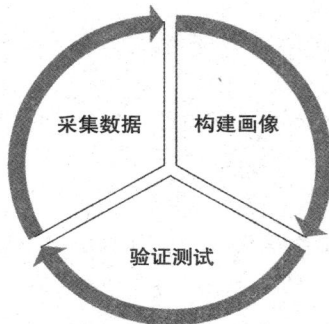

图 4-1　描绘人才画像的 3 个步骤

1. 采集数据

采集数据，就是收集描绘人才画像需要的数据信息。例如，某互联网公司需要产品经理岗位，要给产品经理岗位描绘人才画像。此时公司首先要了解，能做产品经理的人有什么样的性格、是什么样的年龄、有什么样的专业背景等，这些都是数据信息。

这里要注意，采集数据的维度不是越多越好，采集的数据也不是越细致越好，而是要根据不同岗位的实际需要，在关键维度上多采集数据，在无关维度上少采集数据或者不采集数据。

例如，产品经理岗位一般对人才的性别、属地、身高、体重、长相等维度没有要求，所以采集这类数据对组织描绘人才画像的意义不大；但产品经理岗位一般对人才的专业知识、岗位技能、从业资质、工作经验等维度的要求比较高，所以组织要重点在这些维度上采集数据。

组织可以从哪些方面采集数据呢？

人才画像是"以人对人"，采集数据最好的方式是找到人才样本。确定人才样本就是确定这类岗位以谁为目标人才，即要照着谁的样子描绘人才画像。

最好的人才样本是这个岗位的高绩效水平员工。例如，对于产品经理岗位人才画像的数据采集，组织可以将内部或其他组织这个岗位的高绩效水平员工作为人才样本。高绩效水平员工的绩效水平高，一定是有原因的，组织就是要通过描绘人才画像的过程去研究这个原因。

和岗位胜任力模型一样，人才画像不仅可以为人才测评和人才选拔服务，还可以成为人才评价、人才使用、人才培养等方面的重要依据。除了人才样本，组织还可以通过人才档案、岗位说明书、岗位分析、管理者访谈等采集需要的数据。

组织可以通过什么方式来采集数据呢？

对于人才样本，组织可以通过调研、访谈来采集数据；对于资料类文件，组织可以查阅档案、检索关键信息。为了不让对人才样本的调研和访谈变成一场没有意义的聊天，操作者在实施之前，可以先列出一份清单，然后根据清单进行操作。在对人才样本进行调研和访谈的过程中，组织要注意收集关键事件，通过对关键事件的分析得出关键信息。

2. 构建画像

对采集到的数据进行整理归纳、分类汇总和关键信息提炼之后，组织就能够初步得到人才画像。这里可以为人才画像加入一些场景的描述，让人才画像更加真实和立体。例如，针对某类人才画像可以这样描述：当你向他表示某件事不可能的时候，他会表示"世界上没有什么事是不可能的"。

为了让人才画像更生动，可以在人才画像中加入一些标签化的描述，比如固执、独立、幽默等。为了让人才画像更精准，则可以在人才画像中加入一些数字化的描述，比如2项成就、3年经验、5个项目等包含具体数字的信息。

3. 验证测试

对于没有经过应用的人才画像，组织并不知道其准确性如何。所以组织在初步得到人才画像之后，在正式应用之前，需要有一个论证的过程，也就是验证测试的过程。

组织如何对人才画像进行验证测试呢？

可以先把描绘好的人才画像给人才样本看，给人才样本的管理者看，给组织的高层管理者或外部专家看，然后分别请这些看过人才画像的人发表修改意见。

实践是检验真理的唯一标准。对于人才画像，组织除了需要在应用之前找不同的人提意见，还需要不断进行实际应用和调整，这样才能够得出相对准确的人才画像。

需要注意的是，因为环境是不断发展变化的，所以组织对岗位的要求也应当不断变化，人才画像也应当随着组织的需要及时更新。

☑ 实战案例
世界 500 强公司的岗位胜任力模型在晋升上的应用

IBM 公司是目前全球最大的信息技术和业务解决方案公司之一，业务遍及 160 多个国家和地区，常年处在世界 500 强公司的前列。在 2019 年 Interbrand 全球品牌 100 强榜单中，IBM 公司排在第 12 位。

IBM 公司岗位的晋升和选拔是以岗位胜任力模型为基础的。此处主要介绍 IBM 公司的管理类、研发类和咨询类 3 类岗位的职级晋升条件。IBM 公司岗位的职级晋升包含多个流程，并非条件达标者就可直接全部晋升。此处主要介绍岗位胜任力模型在岗位职级晋升初步选拔（条件选拔）方面的应用。

1. 管理类岗位职级评定标准

管理类岗位职级评定标准如表 4-21 所示。

表 4-21 管理类岗位职级评定标准

类别	A 职级	B 职级	C 职级
职级定位	单一业务 / 职能部门相关负责人	关键子业务、关键区域、关键职能单元负责人	子业务、区域、职能单元负责人
汇报对象	高级副总裁、副总裁	副总裁、总经理或高级总监	副总裁、总经理或高级总监
管辖人数	5~8 人	3~5 人	3~5 人
业务的重要性	关键业务或关键区域	关键子业务、关键区域、关键职能单元或者稀缺岗位	子业务、区域或职能单元
业务管理	所在部门承担公司 15% 以上的经营指标，并承担所在事业部 25% 以上的经营指标（营销服务体系）；业务复杂度（非营销服务体系）	承担所在事业部 20% 以上的业务指标（营销服务体系）；业务复杂度（非营销服务体系）	承担所在事业部 10% 以上的业务指标（营销服务体系）；业务复杂度（非营销服务体系）
团队管理	管理人数超过 1000 人（营销服务体系）；管理人数超过 100 人（非营销服务体系）	管理人数超过 300 人（营销服务体系）；管理人数超过 50 人（非营销服务体系）	管理人数超过 100 人（营销服务体系）；管理人数超过 20 人（非营销服务体系）
年限 / 资历	管理者需要在前一职级工作满 2 年		
360 度评估与绩效考核成绩	360 度评估成绩不能在后 25 分位，绩效考核成绩不能为 D/E		

2. 研发类岗位职级评定标准

研发类岗位职级评定标准如表 4-22 所示。

表 4-22 研发类岗位职级评定标准

类别	初级工程师	中级工程师	高级工程师	资深工程师	主任工程师	专家	资深专家
任务复杂度	1~3 级	4 级	5 级	6 级	7 级	8 级	9 级

类别	初级 工程师	中级 工程师	高级 工程师	资深 工程师	主任 工程师	专家	资深专家
项目角色	普通成员	项目核心 成员	项目核心 成员	项目核心 成员或模 块负责人	跨模块负 责人	产品线负 责人	跨产品线 负责人
项目数量	2个	4个	5个	6个	8个	10个	10个以上

其中，任务复杂度界定标准如表4-23所示。

表4-23　任务复杂度界定标准

维度	学习	了解	掌握	熟练	精通
简单	1级	2级	3级	4级	5级
普通	2级	3级	4级	5级	6级
复杂	3级	4级	5级	6级	8级
艰巨	4级	5级	6级	7级	9级

任务复杂度纵向四维度定义如表4-24所示。

表4-24　任务复杂度纵向四维度定义

任务复杂度	内容定义	典型例子
简单	有明确量化的任务输入及输出，同时具备较为清晰的实现方法以及样例，与业务相关度低，绝大部分人员均能胜任	系统参数维护
普通	有较为明确的任务输入及输出，同时具备类似的可供参考的过程实例，仅与模块内的业务或技术相关，相关模块人员均能胜任	客户资料综合查询
复杂	具备大概的任务输入及输出描述，前期实践中无明显与其类似的过程案例，对参与人员的业务或技术能力有较高要求，只有少数人员能够胜任	产品变更
艰巨	需要独立分析以生成任务的输入及输出，工作成果对组织开发效率或能力提升具备突出贡献，组织内尚无成功案例，对参与人员的业务或技术能力有相当苛刻的要求，只有极少数人才能胜任	内存数据库开发

任务复杂度横向五维度定义如表4-25所示。

表4-25　任务复杂度横向五维度定义

掌握层级	内容定义
学习	未完全具备工作任务涉及的业务及技术知识，对完成工作本身尚无贡献，处于能力具备阶段
了解	了解功能模块/系统的业务特性以及使用方法，能够独立完成相关模块/系统的日常运行维护，或能够在别人的指导和协助之下完成相关模块/系统外围功能的二次开发

掌握层级	内容定义
掌握	能够独立配置实施相关模块／系统功能，或独立并高效完成外围功能的二次开发，同时能够解决在开发实施过程中遇到的常见问题
熟练	熟练掌握相关模块／系统功能，能够把握整个模块／系统的设计思路，具备对模块／系统核心进行修改的能力，同时能够解决在开发实施过程中遇到的绝大部分问题
精通	模块／系统核心功能的构建者，或具备重新构建该模块／系统功能的能力，能够解决该模块／系统在开发实施过程中遇到的所有问题

研发类岗位角色界定如表 4-26 所示。

表 4-26　研发类岗位角色界定

项目角色	角色界定
普通成员	负责某个具体模块的开发、测试、实施及维护，具备完成相关工作基本的业务或技术能力，能够独立或在别人的帮助和指导下完成相关模块涉及的大部分工作
项目核心成员	全面熟悉某个具体模块／系统的开发及运行维护工作，能快速完成模块相关的工作任务，同时具备指导他人完成相关模块工作任务的能力
模块负责人	负责某个功能模块的发展和演进，能够针对特定模块形成开发／实施解决方案，同时具备一定的领导能力，能带领模块成员完成模块的相关工作
跨模块负责人	具备多个模块的需求分析和设计能力，能够带领各模块负责人协同完成复杂的综合性工作任务
项目负责人	具备全面的项目管理能力，能够带领团队独立完成中等规模项目的开发和实施
产品线负责人	负责产品线的发展和演进，能够协调产品线下多个部门协同工作，共同达成研发指标
跨产品线负责人	具备系统的全局把控能力，能够站在战略高度解读产品发展方向，带领各产品线共同达成事业部的销售及收入业绩指标

3. 咨询类岗位职级评定标准

咨询类岗位职级评定标准如表 4-27 所示。

表 4-27　咨询类岗位职级评定标准

类别	初级顾问	中级顾问	高级顾问	资深顾问	主任顾问	咨询专家	资深咨询专家
任务复杂度	简单	一般	比较复杂	复杂	复杂	非常复杂	极端复杂
项目角色	普通成员	核心成员	项目负责人	项目负责人	项目负责人	项目指导专员	项目指导专员

续表

类别	初级顾问	中级顾问	高级顾问	资深顾问	主任顾问	咨询专家	资深咨询专家
项目质量	无投诉	外部客户满意度达60%	内外部客户满意度达70%	内外部客户满意度达80%	内外部客户满意度达85%	内外部客户满意度达90%	内外部客户满意度在90%以上
项目数量	无要求	主导负责2个项目	主导负责3个项目	主导负责5个项目	主导负责7个项目	主导负责9个项目	主导负责12个及以上项目

其中，任务复杂度界定示意表如表4-28所示。

表4-28　任务复杂度界定示意表

任务复杂度	工作量定义	沟通复杂度
简单	1个人可独立承担，3周内完成	客户需求单一且明确
一般	1~5人的月工作量	需和一个部门特定的一个人员进行沟通
比较复杂	6~12人的月工作量	需和一个部门的多个人员进行沟通
复杂	13~40人的月工作量	客户需求复杂，涉及多个部门、多种利益
非常复杂	41~100人的月工作量	影响客户局部战略，沟通复杂度很高
极端复杂	100人以上的月工作量	影响客户整体战略，涉及客户公司全局利益，沟通复杂度极高

项目角色界定示意表如表4-29所示。

表4-29　项目角色界定示意表

项目角色	角色界定	示例岗位
普通成员	完成项目负责人安排的特定任务和负责特定子模块	助理数据分析师、助理咨询顾问
核心成员	是某一方面不可或缺的人才，在特定业务方面有专业的特长	数据挖掘模型工程师
模块负责人	独立负责某一子模块	高级咨询顾问
项目负责人	对整个项目的成果、周期、客户满意度全面负责	项目经理
项目指导专员	对项目的质量、框架整体负责，有完成多个项目的经验，是某个领域的专家	项目指导专员

第5章
人才测评

所谓人才测评，是基于心理学、管理学和行为学等方面的管理知识，通过观察、访谈、测试、测量、模拟、问卷调查等手段，创造一种场景，对人才进行综合、全面、系统的评测，得出人才在人格、潜力、智力、能力、态度、兴趣、动机、绩效等领域具体情况的工具。

5.1 人才测评应用类别

人才测评是一个非常广泛的概念，在实施前，组织要根据需要了解人才测评的原理，找准人才测评的工具，选择人才测评的方法，通过对人才测评的正确应用，达到实现组织期望的测评效果。

5.1.1 3项假设：人才测评的主要原理

组织对人才测评工具和方法的运用，离不开以下3项基本假设。

1. 人的内心世界具有明显的差异性

人与人之间的内心世界是存在差异的，这种差异能让组织通过某种方式对人才实施区分，从而明确某类人才更适合从事哪类岗位。

注意，有时候人与人之间的差异比较明显，有时候则并不明显。差异不明显并不代表差异不存在，而只是代表当前寻找差异的维度和方法不恰当。在这种情况下，变换人才测评的维度和方法能够更准确地找到差异。

2. 人的心理特征具有一定的稳定性

虽然人的内心世界会随着环境的变化而不断发生变化，但人的心理特征是相对比较稳定的。人的心理特征也可以理解为人的思维模式，这种思维模式会表现出一定的特征，因为人们在不同的时间节点，遇到相似的情境和事物时，会展现出相似的想法，进而产生相似的行为。

注意，这种稳定性是相对的，而不是绝对的；是在一定时间范围内的，而不是永恒的。人的心理特征并不是一成不变的，随着周围环境的变化，随着时间的进展，一段时间之后，可能会发生变化。

3. 人的内外特质具有一定的可测性

人的内外特质是看不见摸不着的，但这并不代表它无法被感知，无法被测评。人们的行为是人们内外特质的一种外在呈现，通过对人们行为的观察和测评，我们能够从某个侧面感知人们的内外特质。

注意，人们的内外特质与人们的行为虽然具有一定的一致性，但这种一致性并不是绝对的。在某些情况下，人们的行为并非来自内心真实的想法，而可能来自人们对情境的判断，可能来自人们的潜意识，也可能来自无意识。

目前比较有效的人才测评工具都是建立在科学的统计方法和规律之上的，这类人才测评工具通常具备如下特点。

1. 客观性

人才测评的结果来源于客观结果，而不是表面现象或测评人的主观感觉。例如，有的员工当前的工作成绩非常优秀，而且表现得非常自信，但通过专业的心理测评，测评人可能会发现这名员工内心对职业发展存在焦虑感，情绪其实并不稳定。

2. 间接性

人才测评的结果来源于人的外显行为，因而无法直接判断。例如，在通过测评某名员工的人格特质来判断其适合的岗位时，测评人可以通过询问该员工的兴趣、爱好、经常从事的娱乐活动等来判断该员工的人格，从而判断其适合的岗位。

3. 相对性

人才测评的结果并不是绝对的，而是相对的，人与人之间测评结果的差异也存在相对值的大小。例如，通过评估，A 和 B 两名员工都具备某种人格特质，但通过测评，测评人能够判断 A 具备的这种人格特质比 B 更明显。

5.1.2　3 个维度：人才测评的主要工具

在人力资源管理实践中，人才测评在人才选拔过程中应用得最多。在人才选拔工作中，人才测评常用的工具包括 3 个，分别是人格测评、知识能力测评和动力测评，如图 5-1 所示。

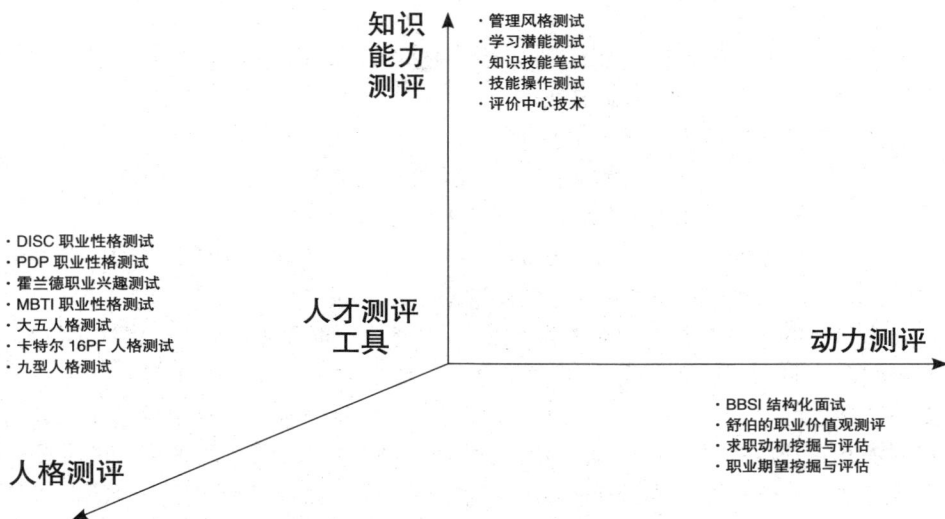

图 5-1　人才选拔中常用的人才测评工具

人格也可以叫个性或者性格，它是人们自我意识的体现，主要指人所具有的与他人相区别的独特而稳定的思维方式和行为风格。对人格的测评，可以简单地理解为考察候选人是什么样的人。目前，国内组织中最常用的人才测评工具就是人格测评。

动力也可以叫动机，指的是个体活动的内在心理过程或内部动力，是人类大部分行为的基础。动力会让人产生一种内在的驱动力，使人们自发地朝着所期望的目标前进。对动力的测评，可以简单地理解为考察候选人内心到底有多想做好这个岗位的工作，或者这个岗位对其来说有多重要。

人格和动力都是对岗位胜任力模型中素质维度的拆分；知识能力指的是岗位需要的知识和能力，是对岗位胜任力模型中的知识维度和能力维度的合并。对知识能力的测评，就是对候选人掌握这个岗位需要的知识和能力的情况进行评价。

常用的人格测评工具包括以下7种。

DISC职业性格测试，其把性格分成了4类。很多世界500强公司以及很多著名的咨询公司都在用这种人格测评工具做内部的人才测评。

PDP职业性格测试，其根据动物的特性，用动物名称给性格命名，并把性格分成了5类。这种人格测评工具比较容易被非人力资源专业人员，尤其是用人部门理解，而且操作比较简单，应用也比较广泛。

霍兰德职业兴趣测试，其把人格分成了6类。这个工具一般在帮助员工做职业选择的时候应用得比较多。

MBTI职业性格测试，其以8种性格类型为基础，把性格分成了4个大类、16个小类。

大五人格测试，其把人格分成了5个大类，并且5个大类下还可以分别细分出6个子维度。

卡特尔16PF人格测试是由16种人格特质构成的，通过16种人格因素的测评结果，来评判被测评人适合的职业类别。

九型人格测试，其把人格分成了9种。

此外，对于人才知识能力的测评，可以用到的工具包括管理风格测试、学习潜能测试、知识技能笔试、技能操作测试、评价中心技术等。

对于人才动力的测评，可以用到的工具包括BBSI结构化面试、舒伯的职业价值观测评、求职动机挖掘与评估、职业期望挖掘与评估等。

人才测评的工具有很多，但在组织的人力资源管理实务中不一定都用得上。对于人才测评工具，组织不需要追求多，也不需要追求全，没有哪个组织会把所有人才测评工具都用上。一般来说，在某一个维度上，选择一种用起来顺手的工具即可。这就好像在古代，有的习武之人十八般兵器样样精通，可到了两军交战的时候，肯定不可能把十八般兵器全都带在身上，通常只会选择一种最顺手的兵器来用。

5.1.3 7类方法：人才测评的主要方法

组织选定了人才测评的工具之后，为落实人才测评工作，还要选择人才测评方法。在人力资源管理实战中，可以用到的人才测评方法有很多种，常见的包括对个人简历的评估、心理测评、笔试测试、面试测评、无领导小组讨论、公文筐测评、角色扮演／情景模拟等。这些方法的具体含义、适用岗位和优缺点如表 5-1 所示。

表 5-1　组织中人才测评的主要方法

测评方法	具体含义	适用岗位	优缺点
对个人简历的评估	对个人简历的评估本身就是一种人才测评方法。简历记录了一个人曾经的任职背景、工作成绩和成长历程。 该方法既可以用来做人才的初步审核筛选，直接把不合适的人才筛出候选人名单，也可以在初步筛选之后，做进一步选拔时，作为人才与岗位相关度的判断参考。 在实际应用该方法时，测评人可以事先为简历中的各个项目设置权重和分值，通过各项目与岗位的匹配程度对简历进行打分，把打分结果作为人才选拔的参考依据	任何岗位	优点：能够比较直观、比较快速地判断人才，成本较低。 缺点：有简历造假、简历过度粉饰的可能性，无法保证简历内容的真实性；只通过简历进行判断，在某些情况下比较片面
心理测评	运用专业的心理测评工具，对被测评人实施测评。 心理测评得出的结果通常是结构化、数据化的，能够表现出被测评人的某种心理特征	任何岗位	优点：能够对被测评人形成标准化、结构化的结论；运用现成的心理测评工具，能够对大多数人同时进行心理测评。 缺点：心理测评的专业性比较强，需要测评人具备一定的专业能力
笔试测评	通过笔试的形式测评候选人的知识水平、能力水平和认知水平。笔试测评是组织中常用的人才测评方法之一	对专业能力、分析能力、推理能力、管理能力有要求的岗位	优点：操作方式比较简单，成本比较低，便于在同一时间大规模实施，测评结果比较客观，可比性较强。 缺点：笔试试卷的设计要考虑信度和效度，笔试试卷应具备一定的专业性
面试测评	通过一对一面试、一对多面试或者多对一面试的方式，测评候选人的能力。面试测评是组织高频应用的人才测评方法	任何岗位	优点：操作方式比较简单、灵活，成本比较低，能够得到大规模应用。 缺点：对面试官的能力有一定要求，由能力较差的面试官实施面试，会降低面试的信度和效度

续表

测评方法	具体含义	适用岗位	优缺点
无领导小组讨论	由一群互不相识的被测评人组成的临时小组，小组内不指定组长，测评人为小组安排某项任务，让小组成员就该任务做自由讨论，最终得出小组的群体意见。 在小组讨论过程中，测评人通过观察，评判小组内各成员在这一过程中表现出的沟通能力、表达能力、说服力、团队意识等特质。 无领导小组一般为4~10人，超过10人时，比较难以观察	管理类岗位	优点：可以观察到被测评人在群体中的状态，判断被测评人未来在群体中的行为表现。 缺点：小组讨论问题的设置应具有一定的专业度；对讨论过程的观察需要投入一定的人力，对观察者有一定的专业度要求；观察者可能对被测评人产生一定的主观感受，导致测评结果失真
公文筐测评	公文筐测评要求被测评人阅读和处理一些比较真实的文字材料，这些材料可以包括实际工作中可能会遇到的各类文本、邮件、信息、指令、报告或特殊情况，需要被测评人做出回复、计划、决策、沟通、安排等一系列应对措施，以考察被测评人的计划能力、组织能力、判断能力、决策能力、分析能力和处理事务的优先级顺序。 公文筐测评的回答方式通常是由被测评人做出书面回答。这种方法特别适合测评管理岗位人才的管理能力。国外很多组织的评价中心都会采用这种测评方法	管理类岗位、文秘类岗位	优点：公文筐测评比传统的笔试测评更加能解决实际问题，而且更加灵活多变；因为公文筐测评是以书面形式完成的，所以会比结构化面试和无领导小组讨论更加正式和规范，而且能够同时让更多被测评人接受测评。 缺点：公文筐测评往往没有标准答案，只有参考答案，在评分过程中，可能存在难以确定评判标准的问题；公文筐测评的设计工作需要一定的专业度，需要耗费一定的时间和精力
角色扮演/情景模拟	设计某种具有一定冲突性的工作情景，要求被测评人在情景中扮演某个角色，模拟真实的情况，完成一系列的任务，协调矛盾，处理问题，达成预设的目标。 测评人通过被测评人在情景中的表现，判断其未来在实际工作中的能力	管理类岗位、技术类岗位	优点：测评内容更贴近实际工作需要、更全面，测评人通过观察能够发现原本没有预期的测评维度。 缺点：情景设计需要一定的专业度，测评过程耗时比较长，需要测评人具备一定的观察和判断能力

5.2 人格心理测评

人格心理测评是关于人的心智模式的各种测验的总称，是指对某一个人或某一个团体的某种心智模式做出评价。个体或群体当前的心智模式可能会影响其未来的行为。在人格心理测评领域，人力资源管理实务中常用的测评工具包括 DISC 职业性格测试、PDP 职业性格测试、霍兰德职业兴趣测试、MBTI 职业性格测试、大五人格测试、卡特尔 16PF 人格测试、九型人格测试等。

在心理学领域中，还有一种应用比较广泛、比较权威的人格心理测评工具——明尼苏达多项人格测验（Minnesota Multiphasic Personality Inventory，MMPI），它是由明尼苏达大学教授哈撒韦（Hathaway）和麦金利（Mckinley）于 1943 年正式出版。该工具最主要的应用场景是检测精神类疾病，在人力资源管理实务中应用得并不多，因此本书不作介绍。

5.2.1　DISC 职业性格测试

DISC 职业性格测试是由美国心理学家威廉·莫尔顿·马斯顿（William Moulton Marston）博士在 1928 年提出的。由于 DISC 职业性格测试能给出比较明确的性格分类，同时又能对每种性格的特征、团队价值、所适宜的工作环境给出详细说明，因此在企业界比较受欢迎。很多世界 500 强公司用的人格测评工具就是 DISC 职业性格测试。

DISC 职业性格测试把性格分为支配型（Dominance）、影响型（Influence）、稳健型（Steadiness）与服从型（Compliance）4 类。DISC 正是取的这 4 类人格英文单词的首字母。

DISC 职业性格测试的性格分类及特点如图 5-2 所示。

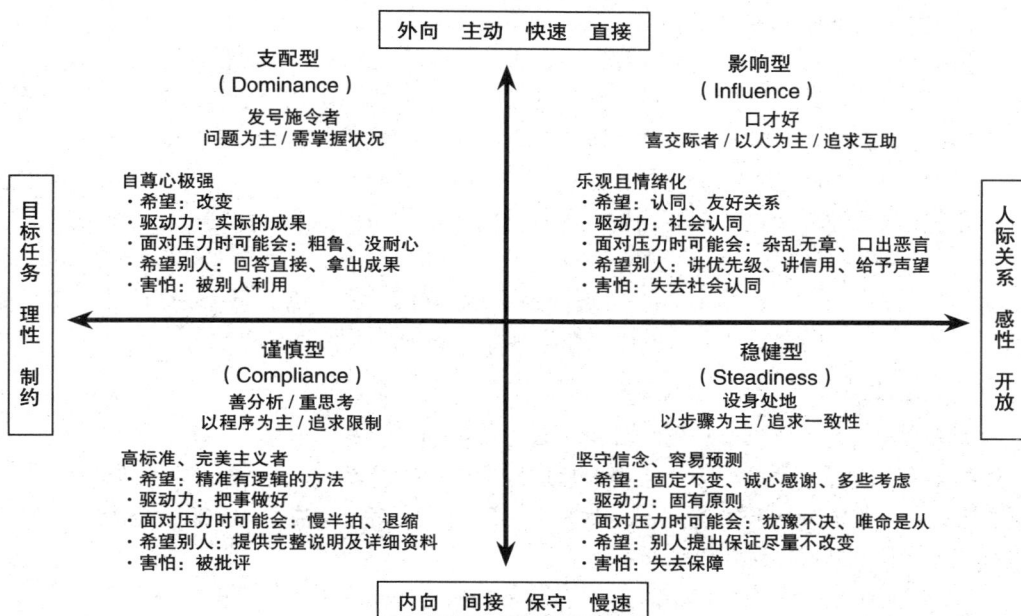

图 5-2　DISC 职业性格测试的性格分类及特点

支配型的人，喜欢做主、行动力强、行动速度快、思考力稍弱；喜欢制定目标，不达目的不罢休，充满自信、意志坚定、有活力、做事主动、不易气馁；是推动别人行动的人，但有些粗线条。

影响型的人，在人群中说话比较多，天生希望成为注意力的中心；具有很强的好奇心，热情、热心，表达能力强，精力充沛，有干劲；好表现、粗线条、轻许诺，以自己的快乐为主。

稳健型的人，性格低调、易相处，为人轻松平和、有耐心，适应力强，无攻击性，是很好的聆听者，具有外交手段，人际关系好；通常朋友很多，不爱生气。

谨慎型的人，以程序为主，喜深思熟虑；严肃，目标感很强，追求完美、有艺术天分、沉闷、关注细节、高标准、想得多但做得少；做事前一定要先想个计划，有条理、有组织。

DISC 职业性格测试有相应的调查问卷。除了应用调查问卷，通过观察人们日常的言行举止，也能够看出人们不同的性格特点。

举例

想象一种场景，甲、乙、丙、丁 4 个人准备一起过马路，当他们走到路口的时候，发现红绿灯已经坏了。

这个时候，甲第一时间说："红绿灯坏了又不影响我们过马路，周围没有车，赶快过去吧！"说完就急着往前走。

乙随后说："对啊，我们大家一起走比较安全，没事的。"乙开始号召丙和丁，拉着大家一起准备过马路。

丙听到甲和乙这么说，点了点头，说了声"好"，在后面跟着甲和乙一起过马路。

丁在丙的身边，虽然也跟着一起过马路，可一直在小声嘀咕："这个红绿灯为什么会坏呢？出了什么问题？我们这样过马路要不要紧啊？会不会出事啊？"

根据 DISC 职业性格测试中 4 类性格的特点，在上述案例中，甲的性格比较偏向支配型，乙的性格比较偏向影响型，丙的性格比较偏向稳健型，丁的性格比较偏向谨慎型。

在工作实践中，应用 DISC 职业性格测试结果时，组织要根据 DISC 职业性格测试体现出来的不同性格特点，进行工作安排以及明确员工间的相处方式。

1. 支配型

支配型的人比较喜欢获得主导权，喜欢领导他人。在工作中，这类人比较务实，讲究效率，行动力和执行力比较强，目标比较明确，能够带领团队以解决问题为导向开展工作。在执行任务的过程中，就算听到负面的声音，这类人也比较不容易受到影响，适合担任组织的领导工作。

不过，这类人可能会过于重视工作结果，忽略与团队中其他人的情感交流，对团队成员缺乏必要的共情感和同情心；可能会过度控制别人，盲目自信，过于相信自己的主观判断，听不进他人的意见；可能会显得没有耐心，比较霸道，做事粗鲁；可能不懂得劳逸结合，不考虑他人的感受；可能会代替别人做决定，强迫别人做事。

与典型支配型的人沟通时，要注意如下事项。

（1）明确问题，关注效率，找到目标，基于数据和事实进行谈话。

（2）如果其不喜欢聊情感话题，不要硬聊，可以聊其感兴趣的话题。

（3）沟通前做好准备，提前搜集需要的资料。

（4）最好直截了当地与其沟通，传达信息时要一针见血，不要绕弯子。

（5）谈工作的时候最好带着计划、带着方案，且计划与方案要有逻辑性。

（6）谈话时注重彼此的利益关系，创造双方共赢的沟通环境。

2. 影响型

典型影响型的人情感比较丰富，情绪外显，喜欢交朋友，常常能成为群体中的焦点。在工作中，这类人经常有比较好的想法，思维活跃，充满热情，号召力强，表达能力强，关爱他人，能够带领和鼓励他人一起投入到某项工作中。

不过，这类人可能喜欢说大话；可能说得多，做得少；可能情绪不稳定，易被情绪左右，往往因为自己的负面情绪而影响工作效率；可能逻辑性比较差，靠情怀做事；可能不专一，易半途而废。

与典型影响型的人沟通时，要注意如下事项。

（1）多聊关于人的话题，多聊情感类话题，少聊数据和事实。

（2）尽量与其保持高频沟通。

（3）可以多让其发表意见，并认真听取。

（4）要注意细节，注意其情感变化，不能不拘小节。

（5）谈话时可以适时谈起其比较尊敬的人。

（6）对其进行鼓励时，可以提供区别于他人的独特奖励。

3. 稳健型

典型稳健型的人比较温和，乐于倾听，随遇而安，持之以恒，懂得中庸之道。在工作中，这类人平易近人、和蔼可亲，比较容易相处，甘当绿叶，愿意付出，愿意为他人提供支持，能够持之以恒地从事某项工作。

不过，这类人可能会缺乏热情，没有激情；做事比较被动，行动比较慢，甚至比较懒惰；可能会不求有功，但求无过，得过且过，不愿意承担风险，不愿意承担责任；可能会不愿意主动沟通，将意见憋在心里。

与典型稳健型的人沟通时，要注意如下事项。

（1）可以先聊一下家人或朋友，再谈正事。

（2）引导其主动分享，用心聆听其意见。

（3）为激励其行动，可以视情况对其做出承诺。

（4）态度真诚，语气温和，不要让其感觉被指挥。

（5）当需要其做决定时，为其留出足够的时间。

（6）当其情绪受到打击时，找到其产生情绪问题的原因，协助其调整情绪。

4. 谨慎型

典型谨慎型的人比较沉稳，善于思考与分析，比较严肃，注意细节。在工作中，这类人往往比较讲究逻辑性，强调规则和逻辑，做事比较严谨，喜欢善始善终，追求完美，能够为自己定高标准，对自己严要求，能够在分析问题之后采取有针对性的解决方案。

不过，这类人可能过于敏感，过于理想主义，总有一种不安全感；可能性格内向，优柔寡断，不愿沟通；可能无法容忍他人的缺点，怀疑他人，指责他人；可能会自我否定，无法容忍自己的缺点；可能过于重视分析，忽略了解决实际问题。

与典型谨慎型性格的人沟通时，要注意如下事项。

（1）谈话时注意就事论事，话题不要发散。

（2）用事实和数据说话，也可以引用专家名人的观点。

（3）不要制造过多的压力，为其留出足够的时间或空间。

（4）为了促进其行动，要设定明确的截止日期。

在应用 DISC 职业性格测试的时候需要注意，很少有人的性格是单一的，大多数人的性格是复合型的。比如：DI 型，指的是以 D 型性格为主导，其次是 I 型性格；CSI 型，指的是以 C 型性格为主导，其次是 S 型性格，最后是 I 型性格。在复合型性格中，性格类别的值越高，外显性越强。

5.2.2　PDP 职业性格测试

行为特质动态衡量系统（Professional Dyna-Metric Programs，PDP）职业性格测试是由南加利福尼亚大学统计学研究所、英国 RtCatch 行为科学研究所共同发明的，它可以测量人的基本行为、人对环境的反应和可预测的行为模式。全球已经累计有 1600 万人次有效的案例，超过 5000 个企业、研究机构和政府部门持续追踪其有效性。研究机构的调查表明，当 PDP 职业性格测试的所有程序被有效执行时，其误差率低于 4%。

PDP 职业性格测试因为按照 5 种动物的名字对性格进行了划分，所以很容易被非专业人士理解和记忆，在应用的时候也很容易推广。PDP 职业性格测试把人的性格分为"老虎型""孔雀型""猫头鹰型""考拉型""变色龙型"5 个类型，如图 5-3 所示。

外向、主动、追求高效

老虎型
权威的领导者
结果导向、要赢、一语
中的，喜欢风险、挑战
和创新

孔雀型
有效的领导者
社交能力强、积极乐观，
通过影响他人来令事情
取得进展

变色龙型
灵活的多面手
善于协调、环境适应力
强，能很容易地在几种
风格之间转换

目标任务导向
理性制约

人际关系导向
感情开放

猫头鹰型
追求精准的专家
喜欢精确、追求完美、
遵守制度、做决策时非
常谨慎

考拉型
耐心的领导者
耐心平和、稳定持久、
善于做长远的规划

内向、被动、不追求高效

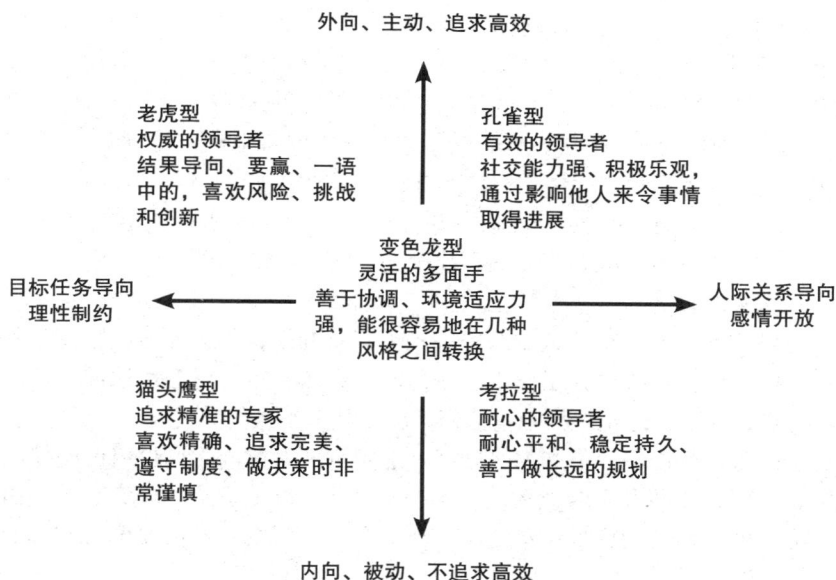

图 5-3 PDP 职业性格测试的 5 种性格分类

按照横轴上的更偏重于目标任务还是人际关系，更偏重于理性还是感性，更偏重于被制度、流程等约束还是不被束缚的开放，按照纵轴上更偏重于外向型性格还是内向型性格，更偏重于主动做事还是被动做事，更偏重于追求高效还是不追求高效，PDP 职业性格测试首先把人的性格分成了 4 个类型，分别是老虎型、孔雀型、猫头鹰型和考拉型，而各项都趋中的，就是变色龙型。

在应用层面，组织可以通过分析某个岗位需要的候选人更偏向于上图中的哪个方面来判断该岗位更适合什么性格的人。

如果用一个字来形容老虎型的人，那就是做。这种人一般反应快速，喜欢发号施令、企图心强，是结果导向的决策型人才。

如果用一个字来形容孔雀型的人，那就是说。这种人一般是活泼乐观、口才极佳、擅长沟通、爱好表现的社交型人才。

如果用一个字来形容猫头鹰型的人，那就是思。这种人一般喜欢三思而后行、注重细节、追求完美，是做事讲究逻辑的思考型人才。

如果用一个字来形容考拉型的人，那就是看。这种人一般是情商较高，能设身处地地为别人着想，性格内敛而稳重，能够以团队为重的支持型人才。

如果用一个字来形容变色龙型的人，那就是变。这种人一般是灵活的多面手，善于协作，对环境的适应力比较强，是很容易在几种风格之间转换的复合型人才。

PDP 职业性格测试中不同性格的具体介绍如下。

1. 老虎型

老虎型的人一般企图心强烈，以目标和结果为导向，不喜欢维持现状，喜欢冒险，具备高支配型特质，个性积极，竞争力强，凡事喜欢掌控全局、发号施令，行动力强，目标一经确立便会全力以赴。

由于他们对自己和周围人的要求比较高，加上好胜的天性，这类人往往会成为"工作狂"。这种性格的人的常见表现有：喜欢制定目标和行动计划，行动迅速；声音洪亮，说话快速，而且具有一定的说服力；交谈时喜欢与对方进行直接的目光接触；喜欢运用直截了当的实际性语言，不喜欢拐弯抹角。

老虎型的人一般会戴手表，而且会在办公室的墙上、桌上挂或摆放日历。

这类性格的人可能存在的优点是有决断力，善于控制局面，能果断地作出决定，相对比较容易取得成就。

这类性格的人可能存在的缺点是在决策上容易专断，不易妥协，容易和其他人发生争执和摩擦。他们在感觉到工作中的压力时，会比较重视迅速地达成目标，容易忽视细节和过程，而且在这一过程中，他们可能会不顾别人的感受。

老虎型的人一般比较容易成为管理者。这类管理者倾向于通过自己的权威的行为来做决策，希望下属能够高度服从，并且有和自己一样的冒险和攻克难关的勇气。这类管理者适合做一些开创性或改革性的工作，在开拓市场或者需要执行改革的环境中会有比较出色的表现。

2. 孔雀型

孔雀型的人热情洋溢，天生具备乐观与和善的性格，有真诚的同情心和感染他人的能力，以及良好的表达能力。他们的社交能力极强，重视形象，擅长建立人际关系，富有同情心，容易与人接近，有良好的口才和热情幽默的风度，在以团队合作为主的工作环境中会有较好的表现。

孔雀型的人的常见表现有：说话的时候肢体动作和面部表情丰富，比较有创造力，具有一定的说服力，时时能给他人很多惊喜或者能鼓舞人心。

这类性格的人可能存在的优点是比较热心，够乐观，口才好，好交朋友，风度翩翩，诚恳热心，生性活泼，能够使别人开心，善于通过建立同盟或者搞好关系来实现目标。

这类性格的人可能存在的缺点是思维模式比较跳跃，常常无法顾及细节以及计划的完成情况，有时候不太注重结果，有时候会过于乐观。

孔雀型的人一般适合一些需要当众表现、引人注目的工作，如销售、采购、培训师、品牌推广、公关等。孔雀型的管理者一般在团体里是人缘最好、最受欢迎的人。

3. 猫头鹰型

猫头鹰型的人行事条理分明，守纪律、重承诺、重规则、轻情感，讲究制度化，事事求依据和规律，是完美主义者。他们通常传统而保守，性格内敛，善于以数字或规章为表达工具，而不太擅长以语言来沟通情感。

猫头鹰型的人的常见表现有：很少有面部表情，说话或者做事不是很快，容易陷入思考，特别强调逻辑、规则，使用精确的语言，注意细节，平时说话喜欢引用数字，做报告喜欢用图表和数字。

这类性格的人可能存在的优点是精确度高，逻辑性强，分析能力强，尊重规则和制度，遵循规律，重视架构，天生有爱找出事情真相的习性，有耐心仔细考察问题的所有细节并想出合乎逻辑的解决办法；有时候这群人是组织稳定的来源，也是最佳的品质保证者。

这类性格的人可能存在的缺点是往往把事实和精确度置于感情之前，容易被认为感情冷漠；在压力下为了避免下错结论，会分析过度；有时候喜欢钻牛角尖，让人觉得吹毛求疵；有时候照章办事的态度和追求完美的精神可能会造成组织内部的不团结。

4. 考拉型

考拉型的人行事稳健，不喜夸张，强调平实，性情平和，不喜欢制造麻烦。他们一般温和善良，很稳定，够敦厚，不好冲突。他们常让人误以为是懒散不积极的，但只要决心投入，就可能是路遥知马力的最佳典型。

考拉型的人的常见表现有：和蔼可亲，说话慢条斯理，声音轻柔；喜欢用赞同性的语言；特别强调情感、忠诚等。具备这类性格的人喜欢在办公桌上摆放家人的照片。

这类性格的人可能存在的优点是安稳，对其他人的感情很敏感，这使得他们在集体环境中能够左右逢源。

这类性格的人可能存在的缺点是喜欢依附于人，很难坚持自己的观点或迅速作出决定；不愿意处理有挑战性的事情；可能比较守旧，一般不喜欢争执，也不愿意处理争执。

5. 变色龙型

变色龙型的人的关键词包括中庸、韧性、综合、适应、变化等。

变色龙型的人没有突出的个性，他们中庸而不极端，兼容并蓄，不与人为敌，不执着，懂得凡事看情况、看场合，韧性极强，弹性极强，处处留有余地，擅长沟通，是天生的谈判家，是其他4种性格的综合体。他们能充分融入各种新环境、新文化且适应性良好，别人可能觉得他们没有原则。

变色龙型的人的常见表现有：综合老虎型、孔雀型、考拉型、猫头鹰型的特质，没有突出的个性，没有强烈的个人意识形态，擅长整合各项资源。

这类性格的人可能存在的优点是能够在工作中调整自己的角色去适应环境，善于整合各项资源，具有良好的沟通和适应能力。

这类性格的人可能存在的缺点是没有强烈的个人意识形态，有时候摇摆不定，难以捉摸，从而让别人觉得他们没有个性、没有原则，就好像墙头草。

变色龙型的人的中庸处世之道让他们处事时足够圆融，不会剑走偏锋，有时候办事能力很强。但是这类人也有可以效忠任何人的倾向。变色龙型的管理者的下属可能会难以忍受一个善变和不讲原则的领导。

有人可能一听变色龙这个词，就觉得这种性格是不好的，或者认为变色龙型的人不适合与其他人搭配，但其实变色龙型的人是非常好的多面手。他适合与任意一种性格的人搭配，因为他综合了各类性格的特质，可以适应各种职业。在销售人员中，变色龙型的人是最多的。

5.2.3 霍兰德职业兴趣测试

职业兴趣测试是心理测试的一种，它通过测评技术，能定位出一个人最感兴趣、最能够得到满足感的职业类型。因为能够实现量化，同时又有一定的理论支撑和数据支持，职业兴趣测试在员工的职业选择、职业发展和职业生涯规划中起着至关重要的作用。

霍兰德职业兴趣测试理论最早是由美国著名的心理学教授、职业指导专家约翰·霍兰德（John Holland）编制的。

霍兰德职业兴趣测试的核心是人格可以分为 6 个类别，分别是现实型（Realistic）、研究型（Investigative）、艺术型（Artistic）、社会型（Social）、企业型（Enterprising）、传统型（Conventional），如图 5-4 所示。

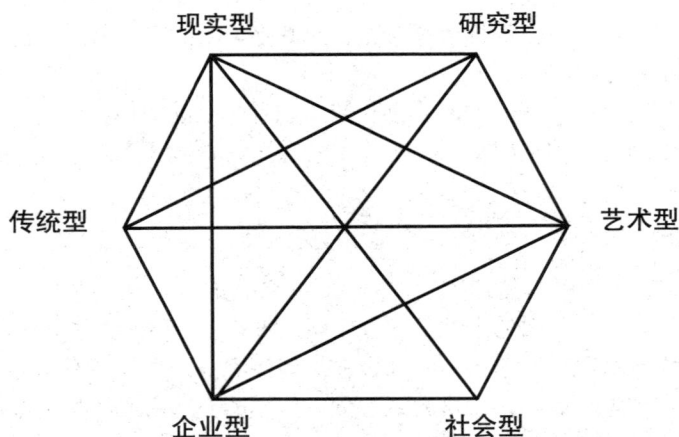

图 5-4　霍兰德职业兴趣测试的人格分类

现实型人格的共同特点：愿意从事具备操作性的工作，动手能力较强，做事手脚灵活，动作协调；偏好于具体的任务，不善言辞，做事保守，较为谦虚；缺乏社交能力，通常喜欢独立做事。

研究型人格的共同特点：抽象思维能力强，求知欲强，肯动脑，善思考，不愿动手，往往是思想家而不一定是实干家；喜欢独立的和富有创造性的工作；理性考虑问题，做事讲究精确，喜欢逻辑分析和推理，喜欢不断探索未知的领域；有学识才能，不善于领导他人。

艺术型人格的共同特点：具有一定的艺术才能和个性，喜欢创造新颖的、与众不同的成果，具备创造力，希望通过表达个性实现自身的价值；做事较理想化，可能会不切实际地追求完美；善于表达，不善于做事务性工作，有些怀旧，心态往往较为复杂。

社会型人格的共同特点：寻求广泛的人际关系，喜欢与人交往，喜欢不断结交新的朋友；善言谈，乐于助人，愿意教导别人；比较看重社会道德和社会义务，关心社会问题，渴望发挥自己的社会作用。

企业型人格的共同特点：追求权威、权力、物质财富，具备一定的领导才能；敢于冒险、喜欢竞争，有野心、有抱负；为人务实，目的性很强，习惯以利益、得失、金钱、地位、权力等来衡量价值。

传统型人格的共同特点：喜欢按计划办事，尊重权威和规章制度，有条理、细心，不主动谋求领导职务，习惯接受他人的指挥和领导；通常较为谨慎和保守，不喜欢冒险和竞争，缺乏创造性，喜欢关注实际和细节情况，富有一定的自我牺牲精神。

在做人才选拔时，组织通过对人才进行霍兰德职业兴趣测试，可以判定其属于哪种类型的人格，从而帮助人才选择适合自己的岗位。在员工职业发展的过程中，组织如果发现员工在岗位上有不适应的情况，可以通过霍兰德职业兴趣测试，判别员工的人格和职业的匹配程度。如果发现员工不适应岗位的原因是人格和职业的匹配度低，就可以给员工调整岗位。

员工对工作的满意度、敬业度、流动倾向性都和人格与职业的匹配度有较高的相关度。当人格和职业相匹配时，就算薪酬待遇比较低、工作环境比较差、工作发展没那么好，员工也可能会产生比较高的满意度、敬业度和比较低的流动率。相反，如果人格和职业的匹配度很低，就算组织给员工升职、加薪，提供非常好的工作条件，员工的满意度、敬业度依然有可能会比较低，员工的流动率依然有可能会比较高。

人们对于某种事物、某项活动表现出的态度和情绪反应，就是其兴趣的表现，通常可以用喜欢或不喜欢来形容。所谓的职业兴趣，就是员工对不同类型的工作、活动项目所表现出的偏好程度。

不同的职业对员工的职业兴趣有着不同的要求。职业兴趣是员工与职业匹配过程中最重要的因素之一。霍兰德职业兴趣测试不仅可以帮助组织挑选合适的人才，还能够帮助员工了解自己的职业兴趣，找到适合自己的职业，获得个人职业发展的成功。

根据霍兰德职业兴趣测试的结果，组织可以判断候选人适合的职业类型。候选人的人格越靠近社会型，适合的职业类型和"人"越相关；人格越靠近现实型，适合的职业类型与"物"越相关；人格越靠近企业型和传统型，适合的职业类型越贴近"实务"；人格越靠近研究型和艺术型，适合的职业类型越贴近"理念"。

霍兰德职业兴趣测试的不同人格适合的职业类型如图 5-5 所示。

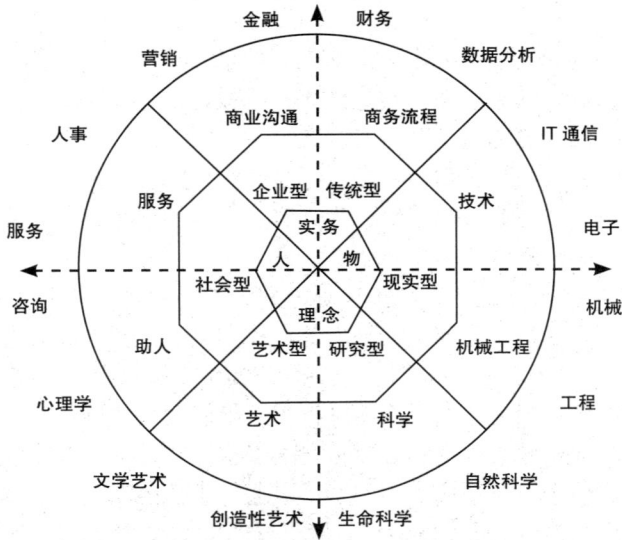

图 5-5　霍兰德职业兴趣测试的不同人格适合的职业类型

图 5-5 从内到外一共有 3 圈，不同的人格类型和职业类型的匹配程度可以通过这 3 圈来一一对应。

霍兰德职业兴趣测试最终的人格分类结果通常是直接取排在前三位的人格特质，排第一的是主人格、排第二和第三的分别是次级人格和第三级人格。

除了图 5-5 中展示的职业类型，霍兰德职业兴趣测试的 6 种人格对应的职业方向和典型职业如表 5-2 所示。

表 5-2　霍兰德职业兴趣测试的 6 种人格对应的职业方向和典型职业

人格类型	职业方向	典型职业
现实型	具有顺从、坦率、谦虚、自然、坚毅、实际、有礼、害羞、稳健、节俭等特征，表现为： 1. 喜爱实用性的职业或情境，专注于从事所喜好的活动，避免社会性的职业或情境； 2. 用具体、实际的能力解决工作及其他方面的问题，较缺乏人际交往方面的能力； 3. 重视具体的事物，如金钱、权力、地位等	喜欢使用工具、机器等需要基本操作技能的工作，对要求具备机械方面才能、体力劳动的工作或从事与植物、动物、运动器材等相关的职业有兴趣。比如：计算机硬件人员、摄影师、制图员、机械装配工等技术型职业，木匠、厨师、技工、修理工等技能型职业
研究型	具有谨慎、好奇、独立、聪明、内向、条理、谦逊、精确、保守等特征，表现为： 1. 喜爱研究性的职业或情境，避免企业性的职业或情境； 2. 用研究的能力解决工作及其他方面的问题，自觉、好学、自信，重视科学，但缺乏领导方面的才能	喜欢抽象的、要求较高智力的、独立的、需要进行分析的、定向的工作，对要求具备智力或分析才能，并将其用于观察、估测、衡量、形成理论、最终解决问题的职业有兴趣。比如：计算机编程人员、科学研究人员、医生、教师、工程师、系统分析员等

人格类型	职业方向	典型职业
艺术型	具有复杂、冲动、独立、无秩序、情绪化、理想化、不顺从、有创意、不重实际等特征，表现为： 1. 喜爱艺术性的职业或情境，避免传统性的职业或情境； 2. 富有表达能力，做事喜欢凭直觉，独立，具有创意，不顺从，并重视审美领域	喜欢需要一定的创造力、艺术修养、直觉和表达能力，并将其用于声音、语言、行为、颜色、形式、审美、思索和感受的职业。比如：作曲家、乐队指挥、歌唱家等音乐方面的职业，诗人、剧作家、小说家等文学方面的职业，导演、演员、广告制作人、建筑师、雕刻家、摄影师等其他艺术方面的职业
社会型	具有合作、友善、慷慨、乐于助人、仁慈、负责、圆滑、善于社交、善解人意、说服他人、理想主义等特征，表现为： 1. 喜爱社会性的职业或情境，避免实用性的职业或情境，会以社交方面的能力解决工作及其他方面的问题，但缺乏机械能力与科学能力； 2. 喜欢帮助别人、了解别人，有教导别人的能力，且重视社会与道德问题	喜欢与人打交道的职业，希望从事关于帮助、启迪、提供信息、治疗或培训与开发等事务性的工作。比如：咨询人员、公关人员等社会方面的职业，教师、教育行政人员等教育方面的职业
企业型	具有冒险、野心、独断、冲动、乐观、自信、追求享受、精力充沛、善于社交、希望获取注意、在意知名度等特征，表现为： 1. 喜欢企业性的职业或情境，避免研究性的职业或情境，会以企业方面的能力解决工作或其他方面的问题； 2. 冲动、自信、善于社交、知名度高，有领导与演讲能力，缺乏科学能力，但重视政治与经济上的成就	喜欢从事要求具备经营、管理、领导、监督和说服才能的工作，对旨在实现具体的、经济的、务实的目标的职业感兴趣。比如：营销人员、项目经理、法官、律师等
传统型	具有顺从、谨慎、保守、自控、服从、规律、坚毅、实际稳重、有效率但缺乏想象力等特征，表现为： 1. 喜欢传统性的职业或情境，避免艺术性的职业或情境，会以传统的能力解决工作或其他方面的问题； 2. 喜欢顺从、遵循规律，有写作与计算能力，并重视商业与经济上的成就	喜欢从事要求精确度、注意细节、系统、有条理的工作，对需要归档、记录、按特定程序或要求组织文字和数据等各类信息的职业感兴趣。比如：记事员、秘书、行政助理、会计、图书馆管理员、出纳等

5.2.4　MBTI 职业性格测试

迈尔斯 – 布里格斯类型指标（Myers - Briggs Type Indicator，MBTI）职业性格测试是美国心理学家凯瑟琳·布里格斯（Katherine Briggs）和她的女儿伊莎贝尔·布里格斯·迈尔斯（Isabel Briggs-Myers）在瑞士心理学家卡尔·荣格（Carl

Jung）划分的8种性格类型的基础上制定的。

MBTI职业性格测试根据人们在动力来源、信息获取、决策方式和生活方式4个维度上的不同，将每个维度分成两种不同的方向，分别是：外倾（E）—内倾（I）、感觉（S）—直觉（N）、思维（T）—情感（F）、判断（J）—理解（P）。组织可通过对不同性格维度的分析判断，对不同性格的员工进行区分。

MBTI职业性格测试的性格分类及其特点如表5-3所示。

表5-3　MBTI职业性格测试的性格分类及其特点

性格维度	类型	英文缩写	特点	类型	英文缩写	特点
动力来源	外倾	E	行动先于思考；说的多于听的；喜欢广度，不喜欢深度；与他人相处时精力充沛	内倾	I	思考先于行动；听的多于说的；喜欢深度，不喜欢广度；独处时精力充沛
信息获取	感觉	S	重视现实性和常规性；着眼于当下；喜欢深度，不喜欢广度；对概念和理论不感兴趣	直觉	N	重视可能性和独创性；着眼于未来；喜欢广度，不喜欢深度；对概念和理论感兴趣
决策方式	思维	T	认为直接比圆滑更重要；希望获得成就；看到缺点时倾向于批评；重视逻辑和规则	情感	F	认为圆滑比直接更重要；希望被人欣赏；惯于迎合、维护人际关系；重视情感和例外
生活方式	判断	J	重视工作；看重结果；计划结束时满足感最强；时间观念强	理解	P	重视享乐；看重过程；计划开始时满足感最强；时间观念弱

MBTI职业性格测试的结果可以应用于人才选拔、人才任用、职业发展、团队建设等各方面。根据MBTI职业性格测试的结果，将4个不同维度中的8种性格类别排列组合之后，可以得到16种不同的性格类型，如图5-6所示。

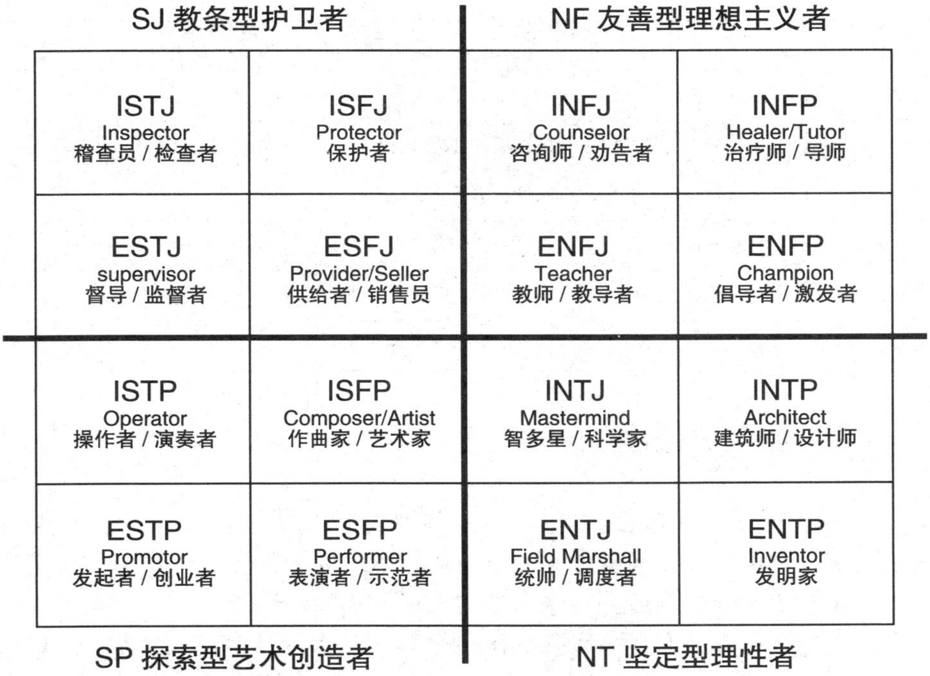

SJ 教条型护卫者		NF 友善型理想主义者	
ISTJ Inspector 稽查员 / 检查者	ISFJ Protector 保护者	INFJ Counselor 咨询师 / 劝告者	INFP Healer/Tutor 治疗师 / 导师
ESTJ supervisor 督导 / 监督者	ESFJ Provider/Seller 供给者 / 销售员	ENFJ Teacher 教师 / 教导者	ENFP Champion 倡导者 / 激发者
ISTP Operator 操作者 / 演奏者	ISFP Composer/Artist 作曲家 / 艺术家	INTJ Mastermind 智多星 / 科学家	INTP Architect 建筑师 / 设计师
ESTP Promotor 发起者 / 创业者	ESFP Performer 表演者 / 示范者	ENTJ Field Marshall 统帅 / 调度者	ENTP Inventor 发明家
SP 探索型艺术创造者		NT 坚定型理性者	

图 5-6　MBTI 职业性格测试的 16 种性格类型

在图 5-6 中，有适合 16 种性格的典型职业类别。当需要判断某类性格是否适合其他职业类别时，可以参考其中职业类别的典型特点来判断职业类别的相似性。

MBTI 职业性格测试的 16 种性格类型适合的职业如表 5-4 所示。

表 5-4　MBTI 职业性格测试的 16 种性格类型适合的职业

类型	适合的职业
ISTJ	详尽、精确、系统、需要关注细节的职业
ISTP	注重实用性、尊重事实、寻求有利方法、具有现实性的职业
ISFJ	注重仁慈、忠诚、体谅他人、善良、乐于助人的职业
ISFP	注重温和、体贴、灵活且具有开放性的职业
INFJ	注重自信、同情心、洞察力、影响力的职业
INFP	注重开放、灵活、理想主义、洞察力的职业
INTJ	注重独立、个性化、专一性、果断性的职业
INTP	注重合理性、理论和抽象的事物、好奇心的职业
ESTP	注重行为定向型、实效、足智多谋、现实的职业
ESTJ	注重理智、善于分析、果断、意志坚定的职业

续表

类型	适合的职业
ESFP	注重友好、开朗、活泼、善交友的职业
ESFJ	注重乐于助人、机智、富有同情心、注重秩序的职业
ENFP	注重热情、富有洞察力、创新性、多才多艺的职业
ENFJ	注重理解、宽容、赞赏他人、沟通的职业
ENTP	注重创新思维、战略眼光、多才多艺、分析型思维的职业
ENTJ	注重逻辑性、组织性、客观性、果断性的职业

5.2.5　大五人格测试

1961 年，美国心理学家托普斯（Tupes）和克里斯托（Christal）经过大量研究后发现，有 5 个维度可以涵盖各类人格特质。1981 年，美国心理学家戈尔德贝格（Goldberg）给这 5 个维度起了个外号叫"大五"（The Big Five）。

大五人格测试也叫 OCEAN（海洋）测试或 CANOE（独木舟）测试。O 代表 Openness（开放性），C 代表 Conscientiousness（尽责性），E 代表 Extraversion（外倾性），A 代表 Agreeableness（宜人性），N 代表 Neuroticism（神经质）。

1. 外倾性

外倾性指的是个体向外界投入的能量大小，类似人们平常说的性格外向或性格内向。

外倾性可以分为 6 个子维度：E1 热情、E2 乐群性、E3 独断性、E4 活力、E5 寻求刺激、E6 积极情绪。

外倾性子维度及其高低分者特质如表 5-5 所示。

表 5-5　外倾性子维度及其高低分者特质

维度	高分者特质	低分者特质
E1 热情	热情友好，喜欢周围的人，善于交朋友，容易与他人形成亲密关系	不善于交朋友，对人际关系表现得比较冷漠，有时候会刻意疏远他人
E2 乐群性	喜欢与人相处，喜欢人多热闹的场合	喜欢独处，喜欢个人空间
E3 独断性	喜欢支配别人，喜欢指挥别人	不喜欢支配别人，不喜欢指挥别人
E4 活力	生活节奏比较快，能够适应忙碌的工作，充满精力	生活节奏比较慢，不喜欢忙碌，喜欢悠闲的状态
E5 寻求刺激	喜欢冒险，喜欢追求刺激	不喜欢冒险，不喜欢追求刺激
E6 积极情绪	容易产生积极情绪，比如乐观、高兴、快乐等	不容易产生积极情绪，但不意味着容易产生消极情绪

2. 宜人性

宜人性指的是对人际和谐与沟通合作的看重程度。

宜人性可以分为 6 个子维度：A1 信任、A2 坦诚、A3 利他、A4 顺从、A5 谦逊、A6 同理心。

宜人性子维度及其高低分者特质如表 5-6 所示。

表 5-6　宜人性子维度及其高低分者特质

维度	高分者特质	低分者特质
A1 信任	愿意相信别人的动机是积极的	不轻易相信别人，认为人性是自私的
A2 坦诚	与人交流时比较坦诚，不喜欢隐藏	与人交流时防备心理比较重，喜欢掩饰自己
A3 利他	愿意帮助别人，把帮助别人看成是一种乐趣	不愿意帮助别人，把帮助别人看成是一种负担
A4 顺从	不喜欢与人发生冲突，有时候为了迎合别人，愿意放弃自己的立场；有时候为了与人相处，甚至愿意放弃自己的利益	不介意与人发生冲突，不愿意为了迎合别人放弃自己的立场；有时候为了自己的立场，甚至愿意威胁别人
A5 谦逊	不认为自己比别人更强	认为自己比别人强是很有必要的
A6 同理心	会因为别人的痛苦而感到伤心难过，容易对他人表现出同情，比较仁慈	对别人的痛苦没有强烈的感受，更关注事实，更客观，不容易表现出仁慈

3. 尽责性

尽责性指的是自我控制能力和自我调节能力。

尽责性可以分为 6 个子维度：C1 能力、C2 条理性、C3 责任感、C4 追求成就、C5 自律、C6 审慎。

尽责性子维度及其高低分者特质如表 5-7 所示。

表 5-7　尽责性子维度及其高低分者特质

维度	高分者特质	低分者特质
C1 能力	对自己的能力较有信心，具备一定的掌控感	对自己的能力信心不足，不具备掌控感
C2 条理性	喜欢制订计划，喜欢按照计划办事	没有计划性和条理性，缺乏逻辑和规律
C3 责任感	喜欢按照规矩办事，有责任感，主动承担责任	不喜欢规矩，不喜欢被束缚，不喜欢责任
C4 追求成就	有目标感，追求成功，有时候是"工作狂"	目标感弱，安于现状，有时候比较懒惰
C5 自律	对任务比较专注，尽力完成，持续进行，面对困难能够迎难而上	容易半途而废，做事拖延，遇到困难容易放弃
C6 审慎	能够三思而后行，做决策不冲动	比较冲动，不计后果，想到什么就做什么

4. 神经质

神经质指的是个体产生消极情绪的倾向。

神经质可以分为6个子维度：N1焦虑、N2愤怒和敌意、N3抑郁、N4自我意识、N5冲动性、N6脆弱性。

神经质子维度及其高低分者特质如表5-8所示。

表5-8　神经质子维度及其高低分者特质

维度	高分者特质	低分者特质
N1 焦虑	容易焦虑，容易紧张，容易感受到危险	不容易焦虑，不容易紧张，不容易感受到危险
N2 愤怒和敌意	容易生气，容易怨恨，容易表现出敌意	不容易生气，不容易怨恨，不容易表现出敌意
N3 抑郁	容易感受到悲伤，容易感受到被抛弃，容易灰心丧气	不容易感受到悲伤，不容易感受到被抛弃，不容易灰心丧气
N4 自我意识	关心别人如何看待自己，担心别人嘲笑自己，在人群中容易害羞和紧张	对别人如何看待自己并不十分关心，在人群中不容易表现出害羞和紧张情绪
N5 冲动性	比较冲动，追求即时满足，不考虑长期后果	不冲动，懂得延时满足，会考虑更长远的利益
N6 脆弱性	处在压力下时，容易感到惊慌、无助、混乱	处在压力下时，仍然能够感受到平静和自信

5. 开放性

开放性指的是个体的认知风格。

开放性可以分为6个子维度：O1想象力、O2审美、O3感受丰富、O4尝新、O5思辨、O6价值观。

开放性子维度及其高低分者特质如表5-9所示。

表5-9　开放性子维度及其高低分者特质

维度	高分者特质	低分者特质
O1 想象力	充满幻想和想象	比较理性，比较现实，不具备较强的想象力
O2 审美	懂得欣赏自然或艺术的美	对自然或艺术的美不感兴趣
O3 感受丰富	能够感知自己的情绪，了解内心世界，愿意坦率地表达情绪	不了解自己的情绪，不愿意主动探寻内心世界，不愿意表达情绪
O4 尝新	喜欢接触新事物，喜欢冒险，喜欢看到新的风景	不喜欢接触新事物，不愿意冒险，喜欢熟悉的人、事、物

维度	高分者特质	低分者特质
O5 思辨	喜欢思考，喜欢讨论抽象的思想或概念，喜欢解决复杂的智力问题	不喜欢思考，不喜欢抽象的思想或概念，不喜欢解决复杂的智力问题
O6 价值观	喜欢挑战权威，喜欢打破常规，不喜欢传统，能够接受混乱与冲突	权威和常规能够给自己带来安全感，不喜欢挑战它们，不喜欢混乱冲突，更喜欢秩序

组织通过测评，可以根据不同的人及其不同的个性和能力，为员工安排不同的工作，让他们在工作中更好地发挥各自的特长，高效地实现工作目标。

大五人格测试的维度及其高低分者特质如表 5-10 所示。

表 5-10 大五人格测试的维度及其高低分者特质

维度	高分者特质	低分者特质
外倾性	善交际、活跃、健谈、乐观、关注他人	谨慎、内省、冷静、不活跃、乐于做事、独处、寡言
宜人性	脾气好、信任人、乐于助人、大度、直率	苛刻、挑剔、粗鲁、多疑、易怒、喜操控他人
尽责性	有条理、勤奋、自律、守时、细心、有毅力	无目标、懒散、粗心、意志薄弱、享乐型
神经质	烦恼、紧张、易情绪化、焦虑	稳定、平静、放松、不易情绪化、安全
开放性	兴趣广泛、思维创新、富于想象	讲实际、兴趣少、思维固化、不善于分析

外倾性显著的人比较有活力，喜欢与人接触，比较热情，愿意接受冒险，往往比较健谈，比较自信，总能引起别人的注意；外倾性不显著的人比较安静，比较谨慎，喜欢独处，不喜欢与人接触，不善言辞，不愿意其他人注意到自己。

宜人性显著的人比较友善，比较善解人意，比较慷慨大方，比较乐于助人，有时候甚至愿意为了别人牺牲自己的利益，对人性持积极乐观的态度；宜人性不显著的人不愿意帮助别人，有时候多疑，不关心别人的利益，把自己的利益放在其他人的利益之上。

尽责性显著的人往往比较可靠，比较聪明，比较单调，比较乏味，做决策时比较谨慎，有时候是完美主义者，有时候是"工作狂"；尽责性不显著的人比较有趣，但做事比较冲动，决策比较快，有时候说做就做，有时候为了做一件事不计后果。

神经质显著的人容易产生抑郁、焦虑、愤怒等消极情绪，对外界环境的刺激比较敏感，情绪表现比较强烈，情绪控制能力比较差，常常被负面情绪所控制，应对外部压力的能力比较差；神经质不显著的人情绪比较稳定，不容易受到情绪的左右，但没有消极情绪不代表一定会有积极情绪。

开放性显著的人富有想象力和创造力，兴趣比较广泛，具备抽象思维，对艺术比较敏感，喜欢追求美好的事物；开放性不显著的人比较保守，喜欢传统和常规，喜欢比较具体的事物，喜欢按部就班。

5.2.6 卡特尔16PF人格测试

卡特尔16PF人格测试（Catell Sixteen Personality Factor Questionnaire）是由美国的心理学家雷蒙德·卡特尔（Raymond Cattell）教授编制的用于人格测试的工具，是世界上非常具有权威性的人格评测方法，被广泛应用在心理临床领域。在人力资源管理实践中，也有一些组织会将卡特尔16PF人格测试作为人才测评的工具。

卡特尔认为人格是由16种因素构成的。这16种因素的名称和符号分别是：乐群性（A）、智慧性（B）、稳定性（C）、影响性（E）、活泼性（F）、有恒性（G）、交际性（H）、情感性（I）、怀疑性（L）、想象性（M）、世故性（N）、忧虑性（O）、变革性（Q1）、独立性（Q2）、自律性（Q3）、紧张性（Q4）。

卡特尔16PF人格测试的因素及其高低分者特质如表5-11所示。

表5-11 卡特尔16PF人格测试的因素及其高低分者特质

因素	低分者特质	高分者特质
A	缄默，孤独，冷漠，喜欢独自工作，做事严谨，甚至吹毛求疵	外向，热情，乐群，可能和蔼可亲，愿意与人相处，喜欢与他人一起工作，容易接受批评
B	思想迟钝，学识浅薄，抽象思维能力弱，学习能力弱，不懂得举一反三。这可能是由情绪不稳定、心理疾病所致	聪明，富有才识，具有抽象思维能力，学习能力强，文化水平高，身心健康
C	情绪易激动，易烦恼，可能容易受环境支配。不能面对现实，可能暴躁不安，常感到身心疲乏，甚至会出现失眠、做噩梦等症状	情绪稳定，比较成熟，能面对现实，能够沉着应对各类问题。行动充满魄力，能振奋人心，激发团队的动力
E	谦逊，顺从，喜欢迎合别人	好强，固执，独立，积极，可能自视甚高、自以为是，也可能非常武断
F	严肃，谨慎，冷静，寡言，可能比较消极、忧郁，有时候可能过分深思熟虑，也可能骄傲自满	轻松，易兴奋，随遇而安，活泼，健谈，对人对事热心而富有感情，可能有时会冲动，此时行为变幻莫测
G	苟且敷衍，缺乏奉公守法精神，可能缺乏比较高的目标和理想，对于人群及社会没有绝对的责任感，有时候能有效地解决实际问题，而不会浪费时间和精力	有恒心负责，做事尽职，细心周到，有始有终，强调是非善恶，努力实干，可能不欣赏诙谐幽默的人
H	畏怯退缩，缺乏自信心，可能有强烈的自卑感，不愿与陌生人交谈。喜欢采取观望的态度，有时由于过分的自我意识而忽视了社会环境中的重要事物与活动	喜欢冒险，少有顾忌，可能不掩饰，不畏缩，敢作敢为。有时候可能粗心大意，忽视细节。有时候可能无聊多事，喜欢向异性献殷勤

因素	低分者特质	高分者特质
I	理智，看重现实，自食其力，以客观、坚强、独立的态度处理当前问题。重视文化修养，可能过分冷酷无情	敏感，感情用事，心肠软，易感动，爱好艺术，富于幻想。有时不切实际，缺乏耐心，不喜欢粗俗的人和做笨重的工作
L	随和，易与人相处，不喜猜忌，不与人角逐竞争，善于合作，善于体贴人	固执己见，可能怀疑、不信任别人，与人相处时可能爱计较，不顾及他人利益
M	现实，不鲁莽。紧要关头能保持镇静，为人索然寡味	富于幻想，狂放不羁，忽视生活细节，可能富有创造力，也可能不务实、易冲动
N	坦白，直率，天真，可能思想简单，感情用事，与人无争，有时候显得幼稚、粗鲁、笨拙、缺乏教养	精明能干，世故，处事老练，行为得体，能冷静分析，比较狡猾，对事物的看法比较理智、客观
O	乐群，沉着，有自信心，不容易动摇，相信自己有处理问题的能力，能适应世俗	易杞人忧天，觉得世道艰辛，患得患失。有时候觉得自己低人一等。得分过高者可能患有精神类疾病
Q1	保守，尊重传统观念与行为标准，无条件接受已有的权威观点，不愿意接受新的想法，常被人认为已经落伍	自由，激进，不拘泥现实，不轻易判断是非，喜欢了解比较前沿的观点，愿意了解新鲜事物，以充实自己的生活
Q2	依赖他人，随群附和，偏向与人共同工作，不愿意独自工作。愿意放弃个人观点，以获得别人好感，需要团体支持以维持其自信心，但不是真正的乐群者	自立自强，当机立断，不依赖别人，能够独自完成个人计划，不受社会舆论的约束，不需要获得别人的好感
Q3	既不能克制自己，又不能尊重礼俗，更不愿考虑别人的需要，充满矛盾却无法解决。分数过低者可能患有精神类疾病	自律严谨，言行一致，能够合理支配自己的情感和行为，自尊心强，能够赢得别人的尊重，有时可能会固执己见
Q4	心平气和，知足常乐，善于保持内心的平衡，有时候可能过分疏懒，缺乏进取心	可能缺乏耐心，有时心神不安，有时态度兴奋，有时感觉疲乏。分数过高者可能患有精神类疾病

卡特尔 16PF 人格测试同样被广泛应用在人才选拔、人才评价、干部任用等领域，它既可以用来做集体测评，也可以用来做个体测评；既可以测评出个体在某个单一维度上的性格特征，也可以对个体进行全面的评价。

卡特尔 16PF 人格测试结果与被测评人适合的职业类别如表 5-12 所示。

表 5-12 卡特尔 16PF 人格测试结果与被测评人适合的职业类别

因素	低分者适合的职业类别	高分者适合的职业类别
A	必须做到极端冷静、严肃与正确才能圆满完成任务的职业，比如物理学家、机电工程师等	需要时时应对人与人之间的复杂情绪或行为问题，而仍然能够持乐观的态度的职业，比如销售人员、教师等

因素	低分者适合的职业类别	高分者适合的职业类别
B	不需要较高的知识水平，从事大量例行工作的职业，比如生产线操作工人。分数过低一般被认为会对所从事的职业产生负面影响	需要较高知识水平或经过专业训练的职业，需要解决难题的职业，比如科研工作者
C	不需要应付难题，能够随心所欲安排自己工作进度的职业，比如作家、画家等。分数过低一般被认为会对所从事的职业产生负面影响	需要在日常应付各类难题的职业，比如教师、机器工程师、推销员、消防队队员等
E	不需要带团队的职业，不需要与人打交道的职业，比如图书管理员	需要带团队的职业，需要影响他人的职业
F	不需要健谈，不需要与人打交道的职业，比如实验技术人员	需要比较健谈，愿意与人打交道的职业，比如促销员
G	在大方向上，可以为了达成目标灵活变通的职业，比如公关经理、谈判专家等	讲究原则，需要持之以恒地坚守某类职责的职业，比如警察、保安、安全管理员等
H	不与人接触，不承担风险的职业，比如美工人员	需要与人接触，需要承担风险的职业，比如保险销售人员
I	需要遵守一定的规则，不需要过多创造力的职业，比如外科医生、统计师等	没有过多规则，需要想象力、创造力，比较艺术化的职业，比如室内设计师、音乐家、艺人等
L	不需要高敏感性、高警惕性的职业，比如设计师	需要高敏感性、高警惕性的职业，比如警察、保安、风控人员、防损人员等
M	需要务实、实际、脚踏实地工作的职业，比如理货员、收银员等	需要想象力，需要创造力的职业，比如作家、艺术家等
N	与人无忤、与世无争的职业，比如医生、护士	需要处事老练、行为得体、冷静分析的职业，比如科学家、工程师
O	能够乐观、沉着、冷静地处理事务的职业，比如运动员、消防队队员、护士等	悲观、抑郁、忧虑等负面情绪过高，有患精神疾病的可能，分数过高一般被认为会对所从事的职业产生负面影响
Q1	需要墨守成规、不用做出改变的职业，比如档案管理员	需要探索发现、拥抱变化的职业，比如科学家
Q2	依附性强，无须独立，需要按照他人的指令来完成工作的职业，比如服务员	自立自强，当机立断，能够独立做出决策的职业
Q3	通常既不能克制自己，又不能尊重礼俗，更不愿考虑别人的需要，充满矛盾却无法解决，分数过高一般被认为会对所从事的职业产生负面影响	需要知己知彼、自律谨严，能够有效支配自己情感的职业

因素	低分者适合的职业类别	高分者适合的职业类别
Q4	需要心平气和、知足常乐、保持内心平衡的职业	缺乏耐心，心神不安，态度兴奋，生活容易被紧张困扰，分数过高一般被认为会对所从事的职业产生负面影响

此外，卡特尔 16PF 人格测试的结果还可以用来满足更多的需求。

1. 心理健康的个性因素

计算公式为：$C+F+(11-O)+(11-Q4)$。

将 C、F、O、Q4 的标准分代入上述公式中，能够计算出心理健康的标准分。心理健康是一切工作和学习的基础，不具备基本心理健康水平的人不适合从事各类工作。

一般来说，心理健康的标准分越高，代表个体心理健康水平越高。心理健康的标准分不足 12 分，表示被测评人情绪显著不稳定。对于比较重要的岗位，不建议选择心理健康的标准分偏低的人。

2. 成就感的个性因素

计算公式为：$2×Q3+2×G+2×C+E+N+Q2+Q1$。

将 Q3、G、C、E、N、Q2、Q1 的标准分代入上述公式中，能够计算出成就感的标准分。成就感的标准分高的人适合从事具有挑战性、成就感强的工作。

一般来说，成就感的标准分越高，代表个体获得成就的可能性越高。成就感的标准分高于 67 分者，有所成就的概率很高。

3. 创新意识的个性因素

计算公式为：$2×(11-A)+2×B+E+2×(11-F)+H+2×I+2×M+(11-N)+Q1+2×Q2$。

将 A、B、E、F、H、I、M、N、Q1、Q2 的标准分代入上述公式中，能够计算出创新意识的标准分。有创新意识的人适合从事具有创新性、创造性的工作。

一般来说，创新意识的标准分越高，代表个体从事创新类工作成功的概率越高。

5.2.7　九型人格测试

九型人格测试是一种比较古老的人格划分方法，它按照人们习惯性的思维模式、情绪反应和行为习惯等性格特质，将人格分为 9 种。

九型人格测试曾经一度被人认为是不科学的、来历不明的人格测试方法，但随着美国斯坦福大学等国际著名大学学员的推崇，九型人格测试的理论体系得以完善，逐渐成为比较热门的人格测评工具，被广泛应用在许多世界 500 强公司的工作实践中。

九型人格测试将人格分为完美型、助人型、成就型、自我型、思智型、忠诚型、活跃型、领袖型、和平型，如图 5-7 所示。

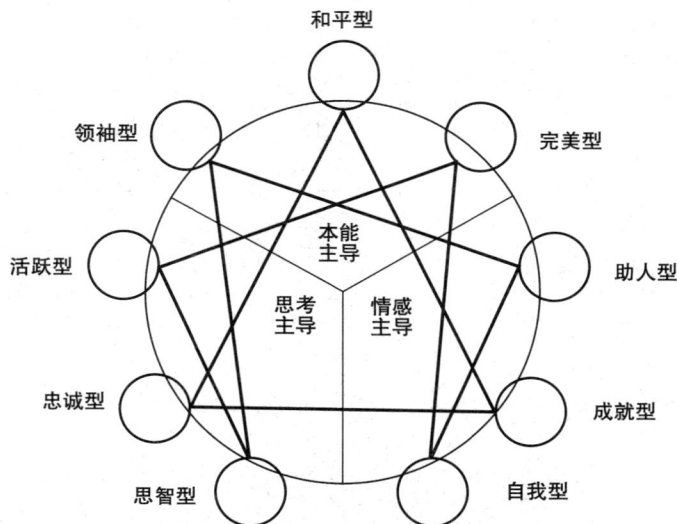

图 5-7 九型人格测试的人格分类

九型人格测试的各人格类型的特征如表 5-13 所示。

表 5-13 九型人格测试的各人格类型的特征

人格类型	自我意识	行为目标	动力来源	极力避免
完美型	认为自己讲原则	做正确的事	获得自我的肯定	把事情做错
助人型	认为自己充满爱心	做别人需要的事	被别人需要	被别人冷落
成就型	认为自己很棒	想成为第一	获得很多人的肯定	事情出现失败
自我型	认为自己很独特	专注内外的美好	深度体验美好感受	出现缺陷
思智型	认为自己有深度	深度分析和研究	思想上得到满足	思想上的无知
忠诚型	认为自己真诚可信	做别人喜欢的事	被别人保护和关怀	被别人欺骗
活跃型	认为自己很快乐	做快乐的事	获得自在的快乐	被约束和限制
领袖型	认为自己是团队中心	想要控制整个局面	获得掌控感和征服感	局面失去控制
和平型	认为自己的脾气好	希望让团队和谐	团队中的人际和谐	出现矛盾冲突

1. 完美型

完美型人格的人讲究原则，是非分明，追求完美，信守承诺，遵守规则，持之以恒，对自己和他人的要求比较高。这类人看待世界常常是二元对立的，要么对，要么错；要么好，要么不好；要么应该，要么不应该。

2. 助人型

助人型人格的人与人为善，期望通过帮助别人与他人建立良好的关系，同时自己也能产生获得感。这类人十分热心肠，慷慨大方，乐善好施，友善随和，比较委婉，在意别人的感情，愿意迁就他人。

3. 成就型

成就型人格的人争强好胜，喜欢比较，常通过成就的高低来衡量自身的价值。这类人通常比较自信，目标明确，精力充沛，积极进取，注重形象，与众不同，容易受到他人的关注，成为人群中的焦点。

4. 自我型

自我型人格的人追求美感，特立独行，我行我素，喜欢活在自己的世界中。这类人通常易受情绪影响，懂得自我察觉，时常自我反省，喜欢幻想，创造力较强，艺术天分较高，倾向于追求不同寻常的事物。

5. 思智型

思智型人格的人喜欢观察，乐于思考，善于分析，追求精神世界带给自己的满足感。这类人通常比较冷静，愿意获取更多的知识，思维缜密，条理分明，讲究逻辑，性格内向，情感淡漠，不善表达，对物质要求不高。

6. 忠诚型

忠诚型人格的人小心谨慎，生性多疑，喜欢群体行动，团队意识强，需要在团队中感受到安全。这类人通常警觉机智，谨慎务实，遵守规律，安于现状，做事尽心尽力，不喜欢变化，不喜欢受人关注。

7. 活跃型

活跃型人格的人乐观积极，追赶潮流，享受生活，常为其他人带来快乐。这类人通常热情洋溢，精力充沛，生性好动，喜欢享受快乐，追求新鲜感，不喜欢承受压力，不喜欢沉闷的工作，害怕负面情绪。

8. 领袖型

领袖型人格的人追求价值，追求权力，争强好胜，具备一定的攻击性。这类人往往性格豪爽，不拘小节，有威严，有欲望，目标感强，执行力强，具有很强的行动力，喜欢控制别人，不喜欢被别人控制。

9. 和平型

和平型人格的人个性温和，与世无争，不喜欢出风头，不喜欢与人发生冲突，倾向于维持平和均衡的状态。这类人往往善解人意，儒雅随和，很容易理解他人，愿意配合他人，能够给他人提供比较好的支持。

一些世界 500 强公司把九型人格测试运用到员工招聘、员工培训、团队建设、教练指导和执行力提升方面。九型人格测试的各人格类型的特点和适合的职业如表 5-14所示。

表 5-14　九型人格测试的各人格类型的特点和适合的职业

人格类型	特点	适合的职业
完美型	1. 诚实可靠，让人信赖，坚持原则，条理性强； 2. 追求客观公正，追求真理，贯彻始终，道德感强； 3. 自律性强，井然有序； 4. 组织能力强，学习能力强； 5. 有警觉性和洞察力，能够针对发现的问题提出建议	医生、法官、纪律检查员、安全管理员、财务管理员等强调纪律，重视规则，做事严谨的职业
助人型	1. 乐于助人，有爱心，容易与别人产生共鸣； 2. 适应能力强，能够与不同类型的人交往并获得对方的信任； 3. 懂得欣赏对方，愿意赞美别人，容易获得别人的好感； 4. 能够发现他人的需求，迎合他人的需求； 5. 体贴关心别人，慷慨热情，具有做好事情的内驱力	教师、营销推广人员、保险销售人员、客服、医生、护士等需要与人交流，帮助他人，传达善意，建立友谊的职业
成就型	1. 乐观，自信，目标明确，头脑清醒； 2. 懂得授权，具有组织能力和领导能力，令人信服； 3. 具有危机处理能力以及避免冲突的能力； 4. 效率较高，懂得灵活变通，懂得与人相处之道； 5. 勤奋，充满活力，精力充沛，务实高效	培训讲师、促销员等具有一定目标性，需要说服他人行动的职业
自我型	1. 直觉敏锐，对日常的人、事、物具有一定的洞察力； 2. 有创造力，有创意，有想象力，有艺术感； 3. 热情洋溢，为人和善； 4. 智慧真诚，表达直率； 5. 举止优雅，能力较强	美术、音乐、时装、戏剧、文学、装潢、广告、产品设计等方面，需要发现美的能力，需要高度创意性的职业
思智型	1. 学习能力强，观察敏锐，能够学习理解深刻的观念或学问； 2. 逻辑能力强，分析能力强，能够精准聚焦问题、解决问题； 3. 善于收集信息，能够对大量信息分门别类地进行研究处理； 4. 客观，冷静，理智，心思缜密，精于计算； 5. 表达能力强，能够在专业范围内答疑解惑	科学家、咨询顾问、决策分析师、数据分析整理员、研究员等需要参照事实或数据，有逻辑、有条理、分门别类地发现并解决问题的职业
忠诚型	1. 责任心强，踏实，稳重，实干，细心； 2. 忠于职守，忠于信念，不偏离最初的目标； 3. 感官敏锐，警惕性强，能够发现潜在的风险； 4. 诚恳热心，乐于付出，重视团体利益； 5. 诚实守信，循规蹈矩，能够与他人平等协作	策划人员、警察、情报人员、保卫人员等强调细心、耐心、警惕、忠诚的职业
活跃型	1. 善于搭建人际网络，有一定的人际交往圈子； 2. 慷慨大方、魅力十足、容易让人喜爱； 3. 乐观、开朗、好动，易于吸引不同类型的人与之交往； 4. 喜欢冒险，创意丰富，愿意为预定目标不计后果地采取行动； 5. 聪明伶俐，办事能力强，多才多艺，善于表达，工作效率高	公关经理、运营经理、社交经理等需要与人频繁接触，需要一定沟通交际能力的职业

人格类型	特点	适合的职业
领袖型	1. 领导能力强，组织能力强，懂得激励他人； 2. 有计划能力，有决策能力，能够推动计划的执行； 3. 无惧艰难，在危机面前能排除情绪干扰，思考解决方法； 4. 自信，斗志旺盛，精力充沛，办事效率高； 5. 有开拓精神，不因循守旧，永不言败	创业者、领导者、管理者等需要管理能力，需要勇气，需要智慧，需要冲突解决能力的职业
和平型	1. 冷静平和，能平等对待不同身份、类型的人； 2. 感受敏锐，能够了解他人的感受，有一定的共情能力； 3. 仁慈，懂得支持他人，能够包容他人； 4. 亲切，有耐心，懂得倾听，情绪比较稳定； 5. 不愿意与人发生争端，能够平息争议	行政文员、操作工、理货员等不需要与人打交道，不需要面对或处理冲突的职业

上表是根据各种不同类型的人格所具有的性格差异和能力差异给出的其适合的职业的建议。当被测评人具备多种显性人格时，测评人可以将上表中不同显性人格适合的职业合并并得出结论。

5.3　人才能力测评

通常组织中常用的人才能力测评方法有工作访谈法、观察分析法、试卷测试法等，组织可根据不同行业、不同岗位选择合适的人才能力测评方法。某些岗位可能还需要考察员工的体能素质，对此组织通常会通过科学的体能检验方法对员工进行测评。

5.3.1　谈话测评：工作访谈法

工作访谈法通过和被访谈者面对面的谈话来获取被访谈者的能力信息，包括单独面谈和团体面谈。这种方法适用于工作内容标准化程度比较低，变化性和创新性比较强的岗位，比如人力资源管理、行政管理、专业技术等难以从外部直接观察到工作绩效的岗位。实施工作访谈法，需要访谈者具备较好的面谈技巧。

实施工作访谈法的流程如下。

1. 访谈准备

访谈者在进行访谈准备的时候，要明确访谈的目标，事先做好时间约定，准备好访谈需要的相关问题和资料，提前通知被访谈者做好准备，访谈的地点最好选在不受干扰之处。

2. 访谈开头

在访谈开始之前，访谈者要解释访谈的目的，营造比较宽松的环境和友好的氛围，告知对方整个访谈过程中可能需要做必要的记录。

3. 访谈过程

针对能力的访谈是一种事实挖掘类的访谈，目的是获得事实，而不是观点或偏见。所以访谈者要注意引导整个访谈过程，把被访谈者带入整个访谈的主题中，让被访谈者针对问题回答事实而不是个人的观点，注意给被访谈者留出足够的思考时间。

在访谈的过程中，访谈者要去除偏见，不要带着主观情绪问问题，要通过全面的提问获得被访谈者对岗位工作的总体认知，始终保持与被访谈者的目光接触。

在访谈的过程中，为了防止被访谈者不断表达个人观点或情绪，访谈者要不断澄清事实，使用沟通中的提问和倾听技巧，并及时向被访谈者说明他所有没有表达清楚的内容。

4. 访谈结束

在访谈结束时，访谈者要核查自己是否已经获得了访谈需要的所有信息；总结关键信息，询问被访谈者是否还有话说；此时如果还有内容了解得不够清楚，可以继续追加询问；在访谈结束后，感谢被访谈者所投入的时间和努力。

访谈者可以在与被访谈者面谈后，与该岗位的直属上级沟通，向其反馈针对该岗位的访谈内容。对于一些由上下级信息不对称造成的认知差异，访谈者可以与该岗位的直属上级进行讨论。

5.3.2　观察测评：观察分析法

观察分析法是通过对被测评人的观察来对被测评人的工作能力进行分析的方法。采用观察分析法取得的信息更加直观，但要求观察者有足够的经验，而且在必要的时候要懂得提问和纠偏。

这种方法比较适合被测评人的工作内容标准化程度比较高、所处岗位的变化性和创新性比较弱的情况，不适用于创新性和变化性比较强、循环周期长和以脑力劳动为主的岗位。

适合采用观察分析法的岗位通常具备标准化的作业流程，有比较明确的正确操作方法和错误操作方法。如果岗位适合通过观察分析法进行测评，但目前不具备实施的条件，组织可以先定义岗位的作业流程。

要有效地实施观察分析法，测评人要定义员工每一个作业动作背后，哪些是产生价值的，哪些是无价值，甚至产生副作用的。这样不仅有助于做能力测评，而且对员工作业动作的持续修正可以让员工在未来的工作中实施正确的动作，减少错误的动作，规范作业流程，从而提高生产效率，降低成本。

有了岗位标准的作业流程之后，测评人就可以通过观察分析法，实施对员工能力的测评了。例如某岗位要求在某段时间内实施 N 种正确动作，测评人通过对该岗位上不同操作人员的观察，记录不同操作人员操作的熟练度、准确度，从而判断操作人员的平均能力水平。

为了保证观察分析的准确性，有时候测评人也可以实际从事待评估岗位的工作，以便掌握有关的一手资料。采用这种方法可以使测评人切身体会岗位的实际任务，以及岗位在体力、环境、社会等方面的要求。

通过岗位工作实践，测评人可以与岗位零距离接触，获得比使用其他岗位分析方法更真实的岗位信息，以及一些使用其他岗位分析方法无法获取到的信息与感受。

5.3.3 笔试测评：试卷测试法

试卷测试法是测评人根据待评估的能力项目设计结构化、标准化的试卷，让被测评人填写试卷之后，收集并计算试卷成绩，得出被测评人能力评价结果的方法。

根据不同的测试目的，试卷测试法可以和其他的测评方法相结合。

当需要考察被测评人基本的道德素质能力，比如道德修养、思想作风、敬业精神时，组织可以采用试卷测试法和日常工作考核相结合的方法。

当需要考察被测评人的一般能力，比如观察力、记忆力、判断力、创新力时，组织可以采用试卷测试法和工作访谈法相结合的方法。

当需要考察被测评人的专业技能，比如客户接待能力、作业操作能力时，组织可以采用试卷测试法和观察分析法相结合的方法。

应用试卷测试法时需注意以下几点。

1. 注意信度和效度

在设计试卷题目时，要注意信度和效度，把要测试的最重要、最具有代表性的核心知识和技能设计成试卷题目。不相关的测试内容不能用来说明被测评人的情况。

2. 注意公平公正

公平公正是试卷测试法有效实施的前提。为保证测评的公平，同一批次的被测评人应使用相同的试卷。为保证测评的公正，在试卷测试过程中要防止作弊的情况出现。

3. 不要唯成绩论

采用试卷测试法得出的成绩能在一定程度上反映问题，但不能成为人才测评的唯一依据。受各种因素的影响，同一个被测评人针对两份不同的试卷可能会得到不同的分数。所以组织在应用试卷测试法时，不能简单得出成绩为 90 分的被测评人一定比成绩为 80 分的被测评人优秀的结论。

拓展工具
管理风格测试与情景领导理论

1. 管理风格测试

管理风格测试（Leader Adaptability and Style Inventory，LASI），主要是用来测试管理者的管理风格的。

人们经常会有这样的体验：当在某个管理者手下工作的时候，虽然工作强度很大，需要付出很多，身体可能很疲惫，但心里却觉得很舒适，很有满足感；但在另外的管理者手下工作的时候，虽然工作强度小了很多，但是工作得很不开心，没有成就感。

为什么会出现这种现象呢？

那些能给人们满足感的管理者很可能是因为管理风格符合人们的期望，而且他们的做法能够匹配当时的场景；那些不能给人们成就感的管理者很可能是因为管理风格不符合人们的期望，而且他们的一些做法和当时的场景不匹配。

管理者的管理风格是有差异的。管理风格测试根据支持程度和指导程度的不同，将管理者的管理风格分成命令式、教练式、支持式、授权式。没有哪一种管理风格是所谓的正确的管理风格，每种管理风格都有其优缺点和适用性。

管理风格测试的管理风格分类情况如图 5-8 所示。

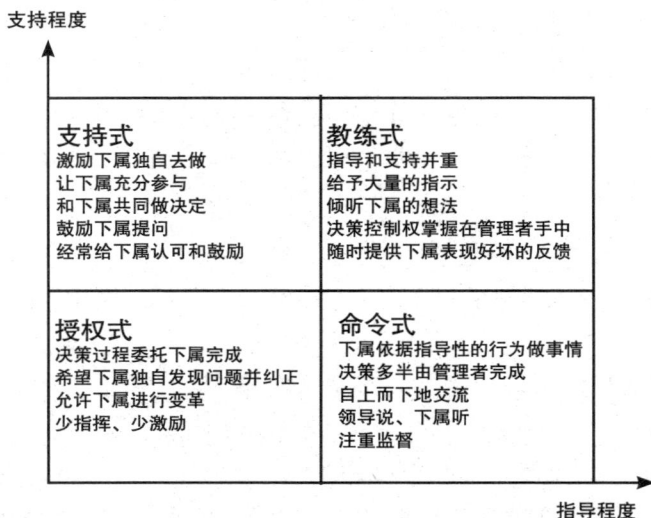

图 5-8　管理风格测试的管理风格分类情况

命令式是一种指导程度比较高，支持程度比较低的管理风格。这种管理风格的特点是管理者使用指导或者命令的方式给出比较直接的指令，告诉下属怎么完成工作任务、怎么达成目标。在下属达成目标的过程中，管理者可能会进行严格的监督和检查。

　　教练式是一种指导程度比较高，支持程度也比较高的管理风格。这种管理风格的特点是管理者像一个教练一样，不仅指导下属怎么完成工作，还给下属足够的支持。和命令式管理者不同的是，教练式的管理者会倾听员工的想法，或把自己融入员工队伍，但在大方向上，依然是管理者决定工作任务和目标该怎么完成。

　　支持式是一种指导程度比较低，支持程度比较高的管理风格。这种管理风格的特点是管理者的工作重点不是放在怎么完成任务和目标上，而是通过表扬激励下属，通过倾听了解下属面临的困难，通过征求意见尊重下属的选择，总之就是给下属一定的自主权，对下属的工作提供很大的支持。

　　授权式是一种指导程度比较低，支持程度也比较低的管理风格。这种管理风格的特点是管理者给下属很强的自信和动机来独立完成工作任务。当管理者和下属对于工作达成某种共识时，管理者就比较少地参与到下属的工作中，放手让下属独立完成工作任务。

　　管理风格在不同情境下有不同的适用性。命令式、教练式、支持式、授权式这4种管理风格没有所谓的最好或最差，只存在某种情况下的相对适合或不适合。比较成熟优秀的管理者会根据下属的不同状况，根据工作的具体情境，及时调整和改变自己的管理风格。

2. 情景领导理论

　　管理学中有一个理论——情景领导理论（Situational Leadership Theory，SLT），它是由行为学家保罗·赫西（Paul Hersey）和肯尼思·布兰查德（Kenneth Blanchard）在心理学家卡曼（Karman）于1966年提出的领导生命周期理论的基础上，吸取了阿吉里斯（Argyris）的成熟－不成熟理论，于1976年提出的。

　　情景领导理论是一个针对下属的不同成熟度采取不同管理风格的权变管理理论。

　　情景领导理论模型把领导行为分成了两个维度，一个是任务维度，一个是关系维度；把员工根据成熟度的不同，也就是岗位胜任力和工作意愿的不同，分成了4种类型；把领导方式也分成4种，对应着命令式、教练式、支持式、授权式这4种管理风格。

　　情景领导理论模型如图5-9所示。

图 5-9　情景领导理论模型

要快速理解和应用情景领导理论，可以把管理者和下属之间的关系想象成家庭中的家长和孩子之间的关系。

例如，当孩子的年龄比较小，没有独立生活的能力时，家长应当加强对孩子的看护和管理。随着孩子的成长，其人格会越来越成熟，能力会越来越强，会越来越独立，也应当越来越能够承担责任。这时候，家长要学会逐渐减少对孩子的控制。

根据情景领导理论，管理者对下属最有效的管理风格要根据其成熟度来确定。

1.如果员工既没有能力，又不愿意做某项工作，那么管理者可以为员工提供比较明确和具体的指示。这时候，就可以用命令式的管理风格。

2.当员工没有能力，但是有意愿做某项工作时，管理者可以为员工布置更多的工作任务，来弥补员工能力上的欠缺，并给员工更密切的关注，让员工在一定程度上能够领会和理解管理者的意图。这时候，比较适合采用教练式的管理风格。

3.当员工有能力，但不愿意做某项工作时，管理者可以让员工更多地参与到工作的发起、讨论、制定、实施等过程中，并且表现出对员工的信任，给员工充分的支持。这时候，就该支持式的管理风格发挥作用了。

4.当员工既有能力，又有意愿做某项工作时，管理者不需要干预太多，可以授权给员工，使其独立完成工作。管理者可以适时关注员工，看员工需要什么。这时候，就非常适合采用授权式的管理风格。

成熟的管理者对待不同的员工，面对不同的情景，会采取不同的管理风格。

管理风格测试不仅能够测试出管理者当前的管理风格是什么样的，还能找出管理者当前所采用的管理风格的不足，帮助管理者发现和查找自己在管理风格上的问题。

领导力既是一种艺术，也是一项技术。领导力既然是一种技术，就能够成为一种能力，并能够被锻炼和培养出来。很多人的领导力是天生的，但这并不影响其他人通过后天的锻炼不断增强自己的领导力。

组织既可以通过管理风格测试实施人才招聘及选拔，也可以用这个工具对当前在职的所有管理者进行测评，帮助管理者查找和判断领导力方面的不足之处，并通过有关领导力的座谈、培训、研讨、分析，整体提升所有管理者的领导力。

☑ 实战案例
角色扮演测评案例

本部分介绍角色扮演测评在实战中的典型案例。

1. 某银行选拔新人时实施的角色扮演测评

（1）适合测评人数

1~5人。

（2）需要测评人扮演的角色

1个。

（3）事件内容

某银行柜员 A（被测评人扮演）突然发现自己刚为一位顾客（测评人扮演）进行的存款操作出现错误。顾客存款的金额是 2 万元，自己不小心录入了 3 万元。还好及时发现，顾客还没有离开银行，于是 A 急忙起身拦住顾客，期望顾客能够配合归还因自己失误多录入的 1 万元。

可是顾客并不同意，表示这是银行工作人员出现的失误，和自己没有关系。顾客认为这笔钱应该是自己的，不愿意归还，而且转身要离开。但是 A 不让顾客离开，表示顾客应当将这笔钱归还给银行。顾客此时已经有些生气，情绪有些激动。A 邀请顾客在大堂坐下，并开始了对顾客的劝说。

延伸剧情：A 在与顾客沟通的过程中，引来了大堂经理 B、理财经理 C、贷款经理 D、大客户经理 E，他们纷纷帮助 A 劝说顾客将 1 万元归还给银行。

最后，顾客发自内心地愿意将 1 万元归还给银行，而且对银行的服务评价很高。

如果你是 A，请模拟你和顾客之间的沟通。

（4）注意事项

当被测评人的人数为 1 人时，让其扮演柜员 A。当被测评人的人数为多人时（不超过 5 人），可以加入延伸剧情，让其他被测评人分别扮演大堂经理 B、理财经理 C、贷款经理 D 和大客户经理 E。

为使角色扮演测评有效进行，测评人扮演的顾客应当有姓名、性别、年龄、特征、喜好等各项背景；为了增加角色扮演的真实性和趣味性，顾客的各项背景可以与测评人在现实生活中的人设接近或相同。

2. 某上市公司选拔分公司总经理时实施的角色扮演测评

（1）适合测评人数

1 人。

（2）需要测评人扮演的角色

1 个。

（3）事件内容

假设 A（被测评人扮演）已经正式上岗，成为该分公司的总经理。A 上岗后发现，该分公司近几年经营业绩不好的很大一部分原因是内部的工作风气很差，管理比较混乱，铺张浪费的现象非常严重。为此，A 为该分公司制定了一整套管理制度。

A 上岗 3 个月后，正值集团公司领导 B（测评人扮演）到 A 所在的分公司视察工作。在 B 视察完工作之后，A 召开了一个干部会议。在会议上，A 拿出了其制定的管理制度，期望得到 B 的认可。

但 B 并不了解该分公司的实际情况，不仅没有认可这些制度，而且当着分公司其他干部的面对这些制度大加指责，引得现场一片哗然，会议一度无法进行下去。这时候 A 沉着冷静，对 B 和分公司全体干部讲了一番非常得体的话，让会议得以圆满结束。

如果你是 A，请模拟对集团公司领导 B 和分公司全体干部的讲话。

（4）注意事项

如果测评人扮演的 B 在被测评人扮演的 A 讲完一段话之后感到不满意，可以再进一步做出否定并要求 A 做出回应。有时候为了增加难度，B 可以打断 A 的讲话，并观察 A 将如何应对。

为了增加测评的真实性，B 应当说明对制度不认可的具体原因。对 A 发现分公司的问题以及制定管理制度的背景，也可以交代得更具体。

3. 某大型生产制造企业选拔厂长时实施的角色扮演测评

（1）适合测评人数

1 人。

（2）需要测评人扮演的角色

1~4 个。

（3）事件内容

假如 A（被测评人扮演）已经成功应聘厂长。生产经理 B（测评人扮演）和采购经理 C（测评人扮演）建议引进一条技术先进的新生产线，让企业拥有能够生产一种新产品的能力。引进这条新生产线之后，企业能够生产的新产品比当前产品的单位成本更低，而且质量更好。

然而财务经理 D（测评人扮演）和销售经理 E（测评人扮演）并不认可这项建议。原因是引进这条生产线的资金投入较大，企业的资金压力较大。另外，该生产线能够生产的新产品在市场上的同类品较多，竞争已经非常激烈。引入新生产线之后，企业虽然可以获得新产品的生产能力，但市场开发并不容易。

可是生产经理 B 和采购经理 C 坚持认为增加新生产线有利于企业的长远发展。现在企业当中出现了两种声音，双方为此吵得不可开交。

你身为厂长，准备怎么办？

（4）注意事项

测评人如果只有 1 人，可以 1 人分饰多角。如果测评人的数量较多，可以由不同的测评人扮演不同的角色。为了增加角色扮演的真实性，不同角色在说明自身观点时要包含必要的数据，详细说明具体背景。

第6章
职业管理

组织除了进行员工职业发展管理，从组织层面为员工设计职业发展通道和明确晋升规则，还要帮助员工从个体出发做好职业管理。

6.1　职业规划

职业生涯是指人在一生中的工作经历所包括的一系列行为活动。对职业有了解、善于做规划的员工能够主动为自己设计职业生涯规划，但很多对职业发展缺乏概念的员工很难主动为自己做职业生涯规划。这时候，组织可以帮助员工，和员工一起做职业生涯规划。

6.1.1　4个时期：职业生涯发展阶段

人的职业生涯可以分成4个发展阶段，这4个发展阶段分别对应4个时期，如图6-1所示。

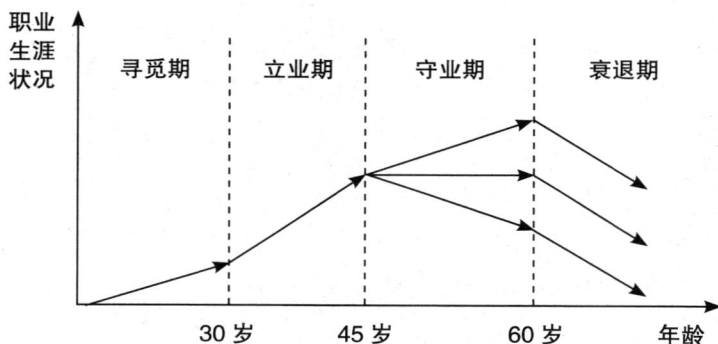

图 6-1　人的职业生涯的 4 个时期

1. 寻觅期

人在30岁之前通常处于职业生涯的寻觅期，这属于比较初期的职业生涯阶段。因为知识、心智和经验的影响，人们在这个阶段会逐渐了解和接触各类行业、各类职业，并逐渐开始寻找适合自己的行业、组织和职业。

这个时期也是人们事业的积累期。一般人的职业在这个时期都是稳步上升的，但是上升的幅度比较缓和。大部分人在30岁之前，因为心智还不成熟，并不知道自己想要什么，也不知道自己适合做什么工作。一般处在这个时期的人，在职业发展上会有不稳定的倾向。人在这个时期换好几份工作、换好几个职业，是比较正常的。

这一特点通常也体现在人才招聘方面。一般30岁以下的人的职业稳定性相对较差，他们可能会在这一时期频繁尝试、频繁换工作，所以组织要特别注意这个年龄段员工的职业诉求。

另外，组织最好能帮助员工在 30 岁以前确立自己的职业发展定位和方向。人在寻觅期往往会建立起自己对某一职业的认同感，这种认同感可能会伴随人的一生。

新东方的创始人俞敏洪曾经在一次演讲中说，他是在 28 岁的时候决定自己要当一辈子教师的。即便他后来成立了新东方，成了新东方的校长，还是一直非常认可自己教师的身份。

2. 立业期

30~45 岁通常是人的立业期，属于人生中期的职业生涯发展阶段。在这个阶段，人们开始逐渐确立自己的位置，逐渐明确自己的发展方向，并希望沿着它发展。立业期是人们在职业上的快速成长期。在这个时期，人们的职业会得到比前一个时期更快速的发展。

在立业期快速发展的前提，是要在寻觅期打下比较扎实的基础。很多组织在选拔人才的时候，喜欢选择处于立业期的候选人，因为这个时期的候选人已经过了寻觅期，知道自己想做什么、能做什么。

处在这个时期的人，一般希望组织能给他们带来经济上的回报，希望获得来自组织的认可，希望获得比较清晰的职业发展通路。如果组织能提供这些，对于留住这部分人才将有非常大的帮助。

3. 守业期

46~60 岁，通常是人的守业期，属于人生后期的职业生涯发展阶段。在这个阶段，人们会开始对中期的职业发展做检讨，并且开始面临职业生涯未来的选择：可以继续维持自己的成就；可以继续成长，发展自己的事业；也可能面临职业衰退。

人们常说的"长江后浪推前浪"中的"前浪"就处于这个时期。

4. 衰退期

衰退期属于职业生涯的引退阶段。在这个阶段，人们要么正常退休，要么退休后继续主动从事某类工作。

一般来说，30~45 岁的职场人比 30 岁以下职场人的职业稳定性强，46~60 岁的职场人比 30~45 岁职场人的职业稳定性强。原因是随着年龄的增长、心智的成熟、对现状的接受以及生活的压力，年龄越大的人越不敢随意改变职业。

为了帮助员工建立职业发展规划，对于 30 岁以下的员工，组织可以多为其提供一些与职业生涯引导相关的培训；对于 30~45 岁的员工，组织可以多为其提供一些与职业技能提升相关的培训；对于 45 岁以上的员工，组织要根据员工的职业生涯是继续发展、趋于平缓还是下降，分别为其提供不同的培训。

组织也要注意，处在不同职业生涯发展阶段的员工的诉求不同，主观能动性也不同。一般来说，45 岁及以下员工的主观能动性普遍比 45 岁以上的员工强。当然，他们对薪酬的渴望和重视程度也不同。一般年龄越小的员工，对薪酬的渴望程度越高。

除此之外，他们对绩效的感受不同，对福利的要求不同，对组织和自己之间关系的感受也不同。

6.1.2　4个方向：职业发展方向选择

对于职业发展和转换，很多人会有一种朴素的误解，认为职业发展只有一个方向、一条路径，那就是升职加薪。很多人认为，人只有实现升职加薪才代表职业得到了发展。其实，职业发展可以选择的方向非常广泛。

人的特性不同，对职业的追求也大不相同。有的人期望追求职业上的高度，成为管理者；有的人期望追求职业上的深度，不愿意成为管理者，只期望在某个领域做精做深，成为专家；有的人期望追求职业上的宽度，尝试不同的岗位，不断尝试新的工作职能；还有的人期望追求职业上的温度，只把职业看成谋生的工具，想把重心放在自己的生活上。

员工职业生涯发展的4个方向如图6-2所示。

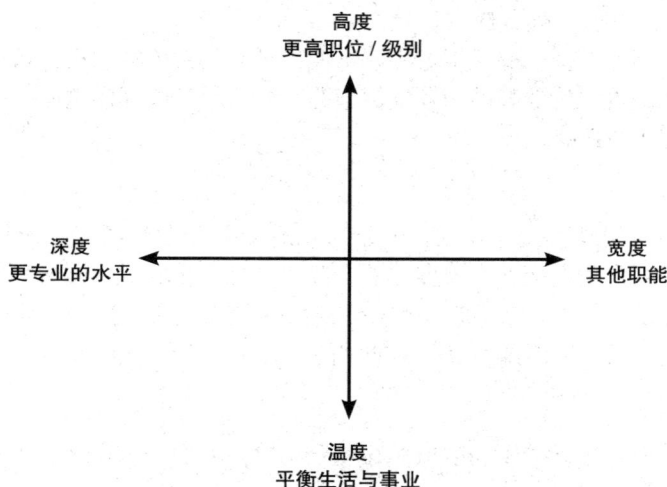

图6-2　员工职业生涯发展的4个方向

员工职业生涯发展的4个方向中，高度代表传统的是"升职加薪"路线。这种职业发展路线适合岗位胜任力模型中具备成就导向或具备领导能力的人。这类人期望用自己的能力兑换价值，崇尚以职位变化来衡量努力的结果。

深度是基于追求专业领域、崇尚专业精深的角度来谈职业生涯发展的。有的人天生不愿意领导或管理别人，因此职位上的提升不适合这类人，但这类人愿意持续提升自己在专业领域的能力，未来能够成为优秀的专家、顾问或咨询类人才。

宽度是基于追求尝试多种职业的角度来谈职业生涯发展的。有的人既不喜欢比较高的职位，也不喜欢追求专业上的精深。这类人喜欢新鲜的感觉，喜欢尝试不同的职业。这很像有些人喜欢旅行，去不同的国家，认识不同的文化，欣赏不同的风景。

温度是基于追求安全感的角度来谈职业生涯发展的。有的人不想把过多的时间和精力耗费在职业发展上。这类人把职业定位成一个养家糊口的工具。因此，职业只需要给这类人基本的安全感就可以。这类人更期望把时间和精力花费在与工作无关的事情上，比如家庭生活、兴趣爱好、社群活动等。

组织在帮助员工设计职业发展路径或转换职业发展方向时，要注意考虑员工的诉求。对于不同的员工，组织可以有针对性地为其设计职业发展路径或帮助其转换职业发展方向，并提供合理的指导及建议。

举例

从事会计工作的小刘已经工作 5 年了，平时工作很努力，获得了领导和同事的一致好评。但是，从事这个工作时间久了，她感到有些苦闷，隐约感觉自己不想再做会计工作，希望自己未来有更长远的职业发展。

可是，对于未来都有哪些方向可以选择，她自己并不清楚，家人、朋友和周围的同事也都不能帮她厘清头绪。为此，她很苦恼，于是找到了公司的人力资源管理人员小王。小王帮她梳理了职业发展方向，并让她对照不同的方向，根据自身的情况做出选择。

1. 在高度上，她可以选择的路径为财务经理、财务总监、副总、总经理等在职位上逐渐提升的管理岗位。

2. 在深度上，她可以选择的方向有高级审计师、高级会计师、投资理财顾问、财务顾问等专业性较强、专精更深入的技能型岗位。

3. 在宽度上，她可以选择变换岗位，与其专业相关的有出纳、理财专员、财务培训专员、财务产品销售等岗位；如果不想再从事与财务相关的工作，可以考虑其他岗位，从零开始。

4. 在温度上，她可以选择更重视对家庭的时间投入，利用业余时间旅游散心、学习理财知识等。

6.1.3 几个步骤：员工个人发展计划

面对不同类型的员工，如果组织一味按照人才盘点的结果来做继任者计划，势必会引起部分员工的不满。这时候组织除了与员工沟通，确定其职业发展方向，还要尊重员工本人对职业发展的意愿，和员工一起制订个人发展计划。

个人发展计划（Individual Development Plan，IDP）是一个帮助员工进行职业生涯规划的工具，是一张描绘员工未来职业生涯发展的蓝图。个人发展计划能够协助员工勾勒出自身的优势、兴趣、目标、待发展能力及相应的发展活动，帮助员工在合适的时间内获取合适的技能，以实现职业发展目标。

实施个人发展计划有以下 4 个好处。

（1）有助于员工增强对工作的把握能力和控制能力。

（2）有助于员工持续不断地实现和超越自身的价值。

（3）有助于增强员工工作的积极性和自身的创造力。

（4）有助于员工较好地处理职业和生活的平衡关系。

实施个人发展计划有4个步骤，如图6-3所示。

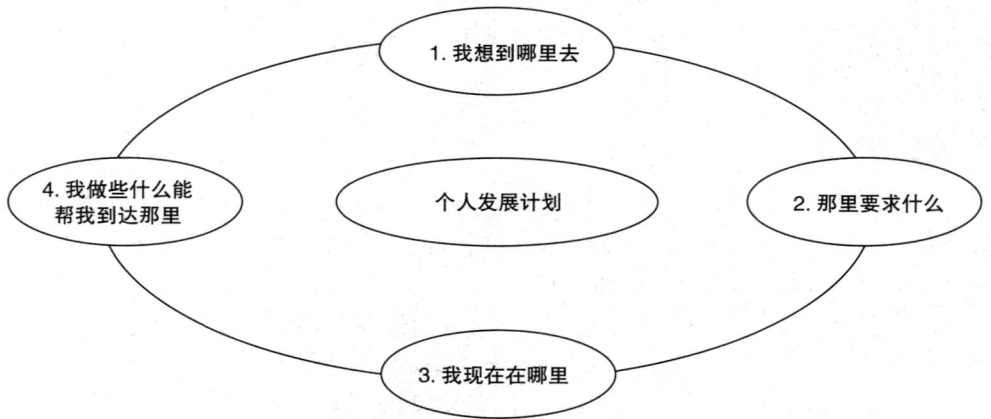

图6-3 实施个人发展计划的4个步骤

（1）员工要考虑"我想到哪里去"，也就是考虑个人的职业发展目标是什么。

（2）员工要思考"那里要求什么"，也就是思考实现职业发展目标需要什么样的能力素质基础。

（3）员工要关注"我现在在哪里"，也就是评估自身当前的能力和经验状况，思考为实现职业发展目标还需要提升哪些能力、弥补哪些经验。

（4）员工要思考"我做些什么能帮我到达那里"，也就是制订详细的学习和行动计划，提升自身的能力，以期实现未来的职业发展目标。

个人发展计划样表如表6-1所示。

表6-1 个人发展计划样表

姓名		工资		部门	
岗位		职务		直属上级	
计划有效期：年 月 日—年 月 日					
职业发展目标 （分别至少列出最关键的3项）					
职业发展目标					
优势					
劣势					
挑战					

续表

个人现状总结

期望发展的技能 （至少列出3项）

具体行动计划				
行动计划	衡量标准	持续时间	评估方式	评估人

希望公司提供的支持

签署计划		
□ 以上内容经过充分考虑和沟通，属于本人真实意愿，我同意此个人发展计划	本人签字： 时间：	直属上级签字： 时间：

员工的直属上级、部门负责人或人力资源部相关人员可以与员工一起制订员工的个人发展计划，制订步骤可以分成以下3步。

1. 员工过往职业发展回顾

员工根据对个人发展计划的了解，实施对自己职业发展的回顾。回顾时要注意总结自己的通用能力（包括沟通能力、时间管理能力等）、管理能力（项目管理能力、激励下属能力等）以及专业能力（包括岗位技术能力、专业应用能力等）。

2. 员工未来职业发展建议

员工对未来职业发展的想法经常是不客观或存在偏差的。这时候，组织应根据员工对未来职业发展的初步想法，给员工提出意见或建议，和员工一起讨论并制定员工短期的业绩改进计划和长期的职业发展规划。

3. 员工未来职业发展需求

在与组织讨论并形成个人发展计划的过程中，员工可以提出实现未来职业发展的必需需求，包括个人需要的通用能力、管理能力、专业能力的补充方式。组织在与员工沟通后，可以帮助员工通过培训、轮岗或自学等形式满足自身需求，实现员工能力的提升。

6.1.4 双方受益：员工职业生涯规划

在员工为组织服务的期限内，组织可以通过职业生涯规划为员工规划一系列连续的任期。在每个任期中，组织和员工共同制定任务目标，员工朝着目标努力，组织负责为员工提供资源支持，这样在员工创造价值的同时组织获得价值，双方都能长期受益。

员工职业生涯规划表如表6-2所示。

表6-2　员工职业生涯规划表

填表日期：_____年_____月_____日					填表人：	
姓名		出生日期		部门		岗位
		最高学历		毕业学校		毕业时间
具备技能/能力	类型					
	证书					
专长						
对目前所从事工作感兴趣的程度	□感兴趣		□一般		□不感兴趣	
	原因：					
希望选择的晋升通道						
请简要说明你未来1~3年的职业生涯规划						

在员工填写员工职业生涯规划表时，直属上级需要与员工谈话，并指导其进行填写。这样做的目的是让员工能够充分考虑自身的职业兴趣、优势与劣势、职业锚及价值观等客观信息。人力资源部门负责跟踪、督促员工职业生涯规划谈话工作的执行情况，并做好相关资料的汇总及其他辅助协调工作。

员工职业生涯规划表中的基础信息反映了员工的基本情况。这里需要注意的是，要求员工填写最高学历，主要是为了考察员工的专业是否符合员工所选职业的专业要求。

当员工的职业兴趣与想选择的职业相匹配时，员工会产生最高的满意度和最低的流动率。如果员工对现在的工作满意，那么组织可以根据员工现在的职业与员工谈下一步的发展。如果员工对现在的工作不满意，组织就需要予以重视，询问员工不满意的原因，并寻找解决问题的方法。如果问题不能得到有效解决，组织就需要和员工一起探讨其是否应该选择其他职业。

在员工确定好职业发展方向后，组织可以按照选定的职业发展方向让员工选择期望的职业发展路径。这里的职业发展路径可以根据管理类、业务类、技术类和操作类4种类别并结合组织的实际情况进行设置。

根据员工选择的职业发展路径，结合组织实际情况，直属上级可以和员工一起设计职业生涯规划方案。职业生涯规划是对员工一系列连续任期的安排，需要在每个任期中制定一个任务目标。每个任期内的任务目标的设置来源于员工的职业发展目标。员工也可以对任期内的任务目标做进一步的分解，形成更加具体的阶段性目标。

举例

某公司招聘专员岗位员工的职业发展目标是 3 年后晋升到招聘主管岗位，那么该员工未来 3 年的职业生涯规划方案可以按照如下内容设计。

第 1 阶段，在第一年内在招聘专员岗位上沉淀下来，锻炼最基本的工作能力，积累工作经验，把工作的基础打牢。

第 2 阶段，在第 1 至 2 年，成为一个在招聘工作中可独当一面的人，能够独自完成招聘工作，独立承担责任，独自发现问题、解决问题，不需要上级管理者操心。

第 3 阶段，在第 3 年，学习管理知识，进行管理角色的转换，能够进行招聘管理工作，同时在工作中能有创新举措，能为公司创造更大的价值。

6.2　职业适应

员工选择了职业发展方向，做好了职业生涯规划之后，并不一定能够适应职业的要求。这时候，组织要关注员工对当前和未来职业的适应情况，提高员工对组织和职业的满意度。

6.2.1　价值判断：价值观与岗位选择

对于职业发展，人格与兴趣很重要，价值观也同样重要。

什么是价值观？

价值观是人们关于什么是价值、怎样评判价值、如何创造价值等问题的根本观点，它指导着人对其他的人、事、物与行动进行选择与评估，是人们做事时内心的一把尺子。价值观根深蒂固地存在于人们的意识中，就像空气一样，如果人们不是刻意去感受，几乎察觉不到它的存在。

简单来说，价值观就是人们对人生中的不同事物按重要程度排序，判断究竟什么对自己重要、什么对自己不重要的依据。

例如，在一个可自由支配时间的比较长的假期，人们可能会选择外出旅行，可能会选择学习深造，可能会选择走亲访友，也可能会选择在家里看电视。人们之所以会做出不同的选择，是因为他们有不同的价值观。

价值观可进一步延伸出人生价值观和职业价值观。职业价值观是人们在不同人生发展阶段所表现出的阶段性的人生价值追求，是人们希望通过工作来实现的人生价值。它决定了一份职业能够给人带来的满足感，可以作为人选择职业的重要依据。

有个词叫"人各有志"，这里的"志"体现在职业选择上，就是职业价值观。它是一种具有目的性、自觉性和坚定性的职业选择态度和行为，对一个人的职业目标和择业动机起着决定性的作用。

舒伯的职业价值观测评是心理学家舒伯（Super）在1970年研发的。舒伯把人的职业价值观分成了15项，分别是：利他助人、美的追求、创造性、智力激发、成就感、独立性、声望地位、管理权力、经济报酬、安全感、工作环境、上司关系、同事关系、生活方式、变异性。

生活中经常会有这样的场景：到了某个人生转折点时，人们会面临好几种职业选择，可以选择A职业，可以选择B职业，也可以选择C职业。这些职业都有各自的优缺点，选哪一个似乎都会有遗憾，人们该如何做出一个不后悔的选择呢？这时候，人们就可以用到舒伯职业价值观测评。

舒伯职业价值观测评是测评人才的动力维度的工具。这个工具不仅可以用在职业选择上，也可以用在人生选择上。

舒伯职业价值观测评包含的15项职业价值观的含义如下。

1. 利他助人，指的是人们对某个职业能够为他人提供某种价值、为社会做出某种贡献的倾向性。

2. 美的追求，指的是人们对某个职业能够创造美丽的事物、追求把美带给世界的倾向性。

3. 创造性，指的是人们对某个职业能够发明新事物、设计新产品或产生新思想的倾向性。

4. 智力激发，指的是人们对某个职业能够能让人独立思考、了解事物背后的运行原理、学到更多知识或技能的倾向性。

5. 成就感，指的是人们对某个职业能给人以成功感和满足感的倾向性。

6. 独立性，指的是人们对某个职业能让人按照自己的方式和意愿去做事的倾向性。

7. 声望地位，指的是人们对某个职业能够让人在别人眼里有地位、受尊敬、能引发敬意的倾向性。

8. 管理权力，指的是人们对某个职业能够让人制订计划、给别人安排任务或者获得某种权利的倾向性。

9. 经济报酬，指的是人们对某个职业能给人们带来想要的经济报酬或物质基础的倾向性。

10. 安全感，指的是人们对某个职业在未来比较长的一段时间不太可能会随着社会经济的变化而消失的倾向性。

11. 工作环境，指的是人们对某个职业工作环境的空间、时间、温度、湿度、干净程度、声音等条件有一定要求的倾向性。

12. 上司关系，指的是人们对某个职业的上级能够和自己融洽相处的倾向性。

13. 同事关系，指的是人们对某个职业的同事能够和自己融洽相处的倾向性。

14. 生活方式，指的是人们对某个职业符合自己生活方式的倾向性。

15. 变异性，指的是人们对某个职业可能让自己接触更多职能、获得更多变化的倾向性。

人们如何测评自己的职业价值观呢？

常用的方法有两种：第1种方法是直接通过舒伯职业价值观测评量表得到自己的职业价值观排序结果；第2种方法是理解舒伯职业价值观测评中15种职业价值观的含义后，直接对自己的职业价值观进行排序。

第2种方法比较简单，即使身边没有舒伯职业价值观测评量表也可以操作，其操作流程可以分成以下3步。

第1步：充分理解15种职业价值观的含义。

第2步：在自己心情比较平静的时候，找一张白纸，在白纸上写下15种职业价值观。

第3步：对15种职业价值观进行打分或排序。如果是打分的话，可以将满分设置成10分，根据不同职业价值观对自己的重要程度进行；如果是排序的话，可以直接在每种职业价值观后面写上序号。

利用职业价值观来做决策时，可以用到职业价值观打分量表，如表6-3所示。

表6-3　职业价值观打分量表

职业价值观	重要程度	A 选项	B 选择	C 选择
1				
2				
3				
4				
5				
6				
7				
8				
总分				

利用职业价值观打分量表做决策可以分成以下5步。

第1步：从舒伯职业价值观测评的15种职业价值观中，选出8种对自己来说最重要的职业价值观，填到上表中。

第2步：给这些职业价值观打分，分数设置为1~10分，重要的打高分，不重要的打低分。

第3步：针对现有职业发展选项，比如 A 选择 、B 选择或 C 选择，根据自己对这些选项在不同的职业价值观上的满意度打分，分数可以设置为 1~5 分，满意的打高分，不满意的打低分。

第4步：把职业价值观的重要程度得分和自己对不同选项在该职业价值观上的满意度得分分别相乘后加权算出总分数。

第5步：对结果进行检查和复盘，看有没有需要调整的地方。调整完成后，根据最后的结果做出职业选择决策。

举例

小李的工作得到了领导和同事的一致认可，目前已经在分公司部门负责人岗位上工作了 5 年。集团领导有意提拔他，目前有两个职位空缺，一个是小李所在分公司副总岗位，另一个是集团某部门负责人岗位。

集团领导找小李谈话后，想征求小李本人的意见。小李回到部门后，考虑了很久也不知该如何抉择。这时候，小李就可以利用职业价值观打分量表来做决策。

小李选出的 8 项职业价值观是：成就感、智力激发、同事关系、美的追求、经济报酬、创造性、独立性、声望地位。小李利用职业价值观打分量表得出的结果如表 6-4 所示。

表6-4　小李利用职业价值观打分量表得出的结果

（单位：分）

职业价值观	重要程度	分公司副总	集团某部门负责人
成就感	8	5	4
智力激发	9	5	4
同事关系	6	5	3
美的追求	7	4	4
经济报酬	8	5	4
创造性	7	4	4
独立性	6	4	5
声望地位	5	4	4
总分		255	224

根据上表的测算结果，小李对分公司副总岗位的职业价值观满意度得分是 255 分，对集团某部门负责人岗位的职业价值观满意度得分是 224 分。总体来说，小李对分公司副总岗位的综合职业价值认可度高于集团某部门负责人岗位。根据这个结果，小李

最终选择了分公司副总岗位。

在运用这种方法时要注意，工具和方法能帮助人们做决策，但不能代替人们做决策。如果人们完全相信工具，可能并不比拍脑袋做决策更有效。

6.2.2　能力拓展：员工职业能力开发

在员工完成个人发展计划和职业生涯规划之后，组织要根据目前员工所选择的职业通道种类、职业发展路径、岗位职责及任职资格要求，帮助员工找到其职业能力的缺漏，补足其职业能力的短板。

这里用到的工具是员工能力开发需求表，如表6-5所示。

表6-5　员工能力开发需求表

填表日期：　　　　年　　　月　　　日				填表人：	
姓名		部门		岗位	
工作评价	工作职责				
	自我评价	□完全胜任	□基本胜任	□不能胜任	
	上级评价	□完全胜任	□基本胜任	□不能胜任	
	上级评价依据				
对工作的期望和想法					
达成目标所需要的知识和技能					
达成目标所需要的培训课程					
需要公司提供的非培训支持					
备注					

在填写员工能力开发需求表时，员工的直属上级需要与员工一起对员工目前的工作情况进行评价。在确认员工目前所在岗位的主要工作后，上级需建立工作清单，再一一对照工作清单，评估员工是否能够胜任当前的工作。

评估要做到客观公正、实事求是。评估不是为了证明员工不能胜任当前岗位而将其淘汰或予以降职，而是促进员工改进和提升，寻找员工存在的不足之处，和员工一起分析问题，并帮助员工找到可行的解决方案。

在评估过程中，员工要做到正确认识自己的现状，对自己能否胜任工作做出评价，是完全胜任、基本胜任，还是不能胜任。员工如果认为自己不能胜任，要说明是哪方面的原因。员工需要提供自我评价的依据，这里的依据最好是详细、具体的。

根据工作评价的结果，员工提出对工作的期望和想法，主要包括职位期望、个人能力提升想法等方面。在填写这项时，员工的直属上级需要和员工不断沟通，发掘员工真正的需求，并且要鼓励员工说真话。有时候员工担心将自己的期望说出来后会受到他人的否定而选择不说出真实的想法，这样组织在这方面做的工作就很难达到预期效果。

例如，一位刚入职的招聘专员想在3年内晋升为招聘经理，但是担心将自己的想法说出来以后别人说他好高骛远，或者担心自己的上级听了会不高兴，可能就会对外说："我没什么职业发展想法，就想做好自己的本职工作。"这样直属上级和员工之间的谈话就很难延续下去。所以组织要营造一种开放的沟通氛围，鼓励员工吐露心声。

当然，组织也不能完全按照员工的期望对其进行职业生涯设计。如果员工的期望过高，直属上级发现很难或不能完成，可以和员工沟通。沟通时注意不要直接打击员工的积极性，而应该首先肯定其期望和想法，之后引导其发现其中的难点或不切实际的点，从而使其适当调整原先的想法。

直属上级要对员工从岗位职责和岗位胜任力的角度分析员工需要提升的知识和技能。例如，上文那位刚入职的招聘专员想要晋升为招聘经理，就需要具备与招聘相关的专业知识和技能，其中包括招聘管理基础知识、招聘流程管理知识、招聘渠道管理技能、识别人才的能力、良好的分析能力、良好的团队合作精神、解决问题的能力等。

根据员工需要提升的知识和技能，结合组织的人才培养体系，直属上级可以为员工制订专属的个性化培训方案。例如，员工选择的是管理晋升通道，那么该员工不仅要参加专业技能提升课程，还要参加管理技能提升课程，通过专业技能和管理技能的共同发展完成角色的转换。

为此，该员工可以学习的专业技能方面的课程包括金牌面试实战训练与高效沟通、面试与选拔技巧、人才测评技巧、招聘管理方法、招聘体系建立方法、结构化面试技巧等，管理技能方面的课程包括团队管理技巧、员工激励技巧、中层干部领导力等。

直属上级应询问员工除了需要组织内部提供的培训，还需要其他哪些方面的支持。例如：有的员工希望从当前的销售岗位转换到人力资源管理岗位，期望得到直属上级的支持；有的员工想回家乡工作，期望直属上级能够提供外调的机会。

6.2.3 职业满意：组织和职业满意度

组织内常有一些员工抱怨自己的职业：有的员工抱怨自己就像个"打杂的"，职业发展看不到希望；有的员工在频繁变换工作岗位后，抱怨现在的职业达不到自己的期待；有的员工抱怨绩效总是不达标，薪酬水平一直比较低。

员工对职业产生抱怨，最直接的原因是员工的满意度低。在寻找应对方法之前，组织首先要搞清楚两个概念，一是组织满意度，二是职业满意度。

组织满意度，指的是员工因为自己的职业表现能满足组织要求的程度所获得的满意度；职业满意度，指的是员工因为自己的职业给自己带来的回馈所获得的满意度。

组织满意度和职业满意度之间的关系如图6-4所示。

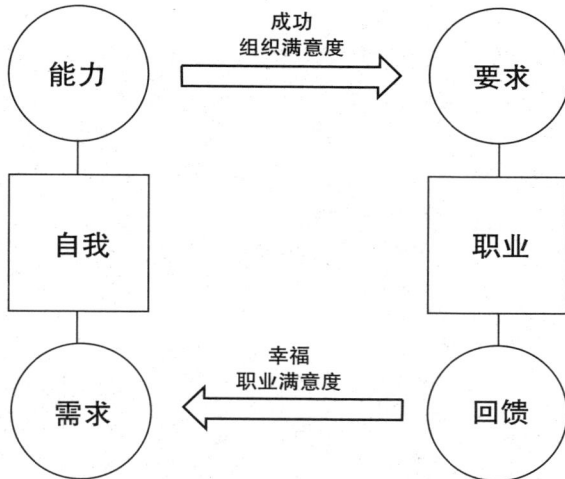

图 6-4　组织满意度和职业满意度之间的关系

　　在理想状况下，当员工的能力能够满足职业要求的时候，员工的组织满意度就会提高，员工就会获得职业上的成就感。相应的，当职业的回馈能够满足员工需求的时候，员工的职业满意度就会提高，员工就会获得职业上的幸福感。

　　反过来，如果员工的能力不能满足职业的要求，组织对员工的行为表现就会不满意，员工就无法获得职业上的成功，失去职业上的成就感，员工的组织满意度就会降低。如果职业的回馈无法满足员工的需求，员工就无法对职业感到满意，失去职业上的幸福感，员工的职业满意度就会降低。

　　要想减少员工的抱怨，组织就要想办法让员工对自己的职业感到满意，提高员工的组织满意度或职业满意度。不过，要提高员工的满意度，组织首先要搞清楚员工抱怨的究竟是什么，即是组织满意度低还是职业满意度低。

　　要帮助员工解决问题，组织就要让员工搞清楚这两种满意度的不同，让员工自己发现问题究竟出在哪里。这个时候，组织可以让员工思考自己不满意的环节在哪里，是觉得自己不够成功还是不够幸福，或者希望自己更加成功还是更加幸福。

　　如果员工觉得自己不够成功，一般是组织满意度较低，也就是员工的能力不能满足职业的需要，员工没有成就感，具体表现可能是员工觉得职业给自己带来的声誉低、地位低，员工在精神上得不到满足。

　　如果员工觉得自己不够幸福，一般是职业满意度较低，也就是职业的回馈不能满足员工的需求，员工没有幸福感，具体表现可能是员工觉得职业给自己带来的收入低、福利低，员工在物质上得不到满足。

　　组织满意度和职业满意度有一定的相关性。对于期望获得"升职加薪"的员工，升职对应着组织满意度，加薪对应着职业满意度。只要"升职加薪"，两个满意度都会有所提升。如果长期无法"升职加薪"，那么两个满意度都会降低。

　　员工的组织满意度低，也就是员工感觉自己不成功，在精神层面得不到满足。出现这种情况的原因通常是员工的能力不能满足职业的要求。具体来说，可能是员工不清楚职业的要求，也可能是员工的职业能力有待提升。

员工的职业满意度低，也就是员工感觉自己不幸福，在物质层面得不到满足。出现这种情况的原因通常是职业的回馈没有满足员工的需求。具体来说，可能是员工的需求比较大，有些不切实际；也可能是职业的回馈确实比较少。

找到员工不满意的根源后，组织可以和员工一起分析问题的主次，找到解决问题的先后顺序，然后分步努力，各个击破。

针对员工的组织满意度和职业满意度低的4种常见情况，组织可以做出如下努力。

1. 员工不清楚岗位的要求

组织可以与员工沟通，让其清楚岗位的具体要求；提醒员工时刻关注组织和职业的变化趋势，提前做好准备；让优秀员工做该员工的职业导师，帮助该员工少走弯路。

2. 员工的职业能力有待提升

组织可以帮助员工设定目标。设定的目标应当是具体的、可以衡量的、可以达到的、与其他目标具有相关性的、有明确截止期限的。

定好目标之后，组织可以帮助员工找到差距。员工通过清晰的岗位要求，首先列出自己与岗位要求之间的能力差距；然后制订清晰的、阶段性的能力提升计划；最后实施计划，通过刻意学习、持续练习，提升短缺的能力，调整自己的能力结构。

3. 员工的需求比较大，有些不切实际

这时候，组织可以采取以下4个步骤：第一步，帮助员工系统地探索自己的职业价值观，系统了解自己对职业的需求；第二步，找到重点，让员工清楚自己在某一阶段最核心、最需要满足的2~3个需求；第三步，帮助员工调整满足需求的方式，让员工通过主动调整工作状态找到当下其他可以满足员工需求的方式；第四步，寻找资源，调动员工和组织的资源，帮助员工增强实现自我满足的可能性。

举例

我的公司曾经有个非常优秀的培训师，除了薪酬，他对工作各方面都比较满意。可是公司的实际情况和他的职级限制了公司当时能给到他的薪酬水平。我不想因为薪酬问题流失人才，但为了保证公司薪酬体系的内部公平性又不能给他加薪。

后来，公司允许这个培训师在不影响本职工作的情况下，通过承接外部培训的方式来提高收入，而且公司还会主动帮助他寻找外部培训机会。这个培训师通过承接外部培训，在提高个人收入的同时，也能够锻炼个人能力，因此其职业能力越来越强，内部工作效率越来越高。

4. 职业的回馈确实比较少

组织可以看一下员工收到的职业的回馈是否在客观上很少。这里所指的职业的回馈，要从全局的角度去看，不仅包括每月金钱上的短期收益，还包括职业发展空间以

及其他长期收益。

同时，组织也需要做一些内外部的薪酬调查，注意评价的时候要客观。如果最终确认职业的回馈水平低于市场水平，组织可以做出调整。

6.3 职业平衡

大部分人工作是为了更好地生活，而不是用工作代替生活。对于大部分员工来说，如果没有了生活，工作就会变得没有意义。所以，组织在做员工职业管理的时候，要注意让员工实现工作和生活的平衡，而不是让员工把大部分时间都用在工作上，失去了生活。

6.3.1 发现问题：职业平衡问题查找

人类社会的发展进步有一个奇怪的现象——生产资料越先进，围绕先进生产资料花费的总时间反而越长。汽车代替马车，交通变得更加便利；汽车越来越多，人们花在交通上的时间不但没有减少，反而越来越多。

随着计算机、互联网、手机的出现，人们之间的联络变得越来越便利，这并没有让人们联络的时间变短；相反，人们使用这些工具的频率越来越高，人们之间的联系越来越频繁，甚至在未来，有可能实现万物互联。

未来，随着大数据、人工智能、机器人的快速发展，人类的工作时间不一定会缩短；相反，人类花在工作上的时间可能会越来越长。

因为随着生产资料越来越先进，人们想用它来满足的需求就会越来越多，希望通过它来实现的功能就会越来越多，能用它来解决问题的领域也会越来越多，结果就会产生新的产业、出现新的事物。

这也造成了在未来世界，生产资料越来越先进，人们的需求反而会越来越多，工作时间会越来越长。这必然会催生出一种矛盾，那就是员工的工作和生活之间的矛盾。

很多人的工作和生活难以实现平衡。这虽然是一种可以理解的状态，但并不是一种健康的状态。

人是社会性动物，每个人都不仅代表着自己，还代表着与整个社会之间关系的总和。在所有的社会关系中，人们会扮演不同的角色。当一种角色占比过高的时候，就容易出现问题。因此，组织要帮助员工实现工作和生活的平衡。

这时，组织可以用到一个测评工具——角色时间分配饼图。运用这个测评工具，组织可以帮助员工发现自身"角色"的错位。

角色时间分配饼图的使用可以分成以下 3 步。

第1步：拿出一张白纸，把自己在每天除了睡觉的时间分别担任什么样的角色写出来。这里的角色可以根据个人的实际情况进行划分。

例如，可以有以职业为主的"工作者"角色，以追求新知和不断成长的"学习者"角色，以亲子关系为主的"父母"角色，以孝敬老人为主的"子女"角色，还可以有以放松心情、休闲娱乐为主的"休闲者"角色等。

这里角色的划分要按照个人的实际状况进行，所以除了一些通用角色，每个人的角色划分可能会不一样。划分角色的时候要注意时间的分配，对于一天中时间分配少于5%的角色应尽量予以合并。

有的角色不是每天都会出现，而是在一个月或一年中出现一段时间。这时候，角色也可以按照一个月或一年的时间划分。

第2步：把每一个角色占用的时间换算成百分比，并写出来。

例如，"工作者"角色占用了80%的时间，就在"工作者"3个字后面写"80%"；"父母"角色占用了10%的时间，就在"父母"两个字后面写"10%"。所有角色占用时间的百分比加在一起应是100%。

第3步：画一个圆形，把刚才写出来的角色和百分比，在这个圆形中呈现出来。这时候就会得到一个被分成了不同区域的圆饼。这个圆饼就代表了时间的流逝方式或生命的度过方式。

通过员工画出来的角色时间分配饼图，TD可以和员工一起查找问题。这时候，TD很可能更能发现有的员工的大部分时间都被"工作者"角色占用了。

举例

某员工近期情绪低落、心情较差，原因是他感到自己陪家人的时间越来越少，于是找到了TD小王。小王利用角色时间分配饼图，让该员工自测了近一年来的角色分配情况，如图6-5所示。

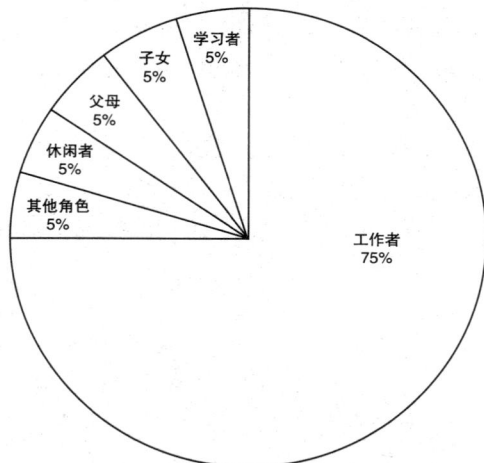

图6-5 某员工的角色时间分配饼图

该员工"工作者"角色的时间占比达75%，为了工作进行学习的时间也占了5%，该员工是典型的"工作狂"。因此，他作为"子女"角色、作为"父母"角色的时间必然会被大量占用。生活中，他很可能已经不是好子女，也不是好父母。这也正是他近期比较烦恼的原因。

小王让该员工再绘制一份自己期望的角色时间分配饼图。该员工期望"工作者"角色的时间占比减少到50%，"父母"角色的时间占比增加到20%，"子女"角色以及"学习者"和"休闲者"角色的时间占比都增加到10%。

针对目前角色时间分配和期望的差异，该员工就当前的工作状况与小王展开了讨论。根据该员工工作中遇到的问题，小王承诺在组织层面做出努力以协助其解决部分问题，并与该员工一起制订了帮助他实现工作和生活平衡的具体行动计划。

6.3.2　达到平衡：职业平衡达成

"攘外必先安内"，组织战略目标的实现离不开员工的努力。实现了工作和生活的平衡，员工会更加努力，更加全身心地投入工作，获得更好的业绩。

从人力资源管理角度帮助员工实现工作和生活的平衡有如下做法。

1. 减少和降低员工的劳动时间和劳动强度，将员工每天的工作时间控制在合理范围内。组织应合理安排员工的劳动时间，对需要连续加班的部门要评估其加班的原因和必要性，如果是因为缺少人手，可以采取招聘或外部合作的方式。

2. 开展宣传教育活动，使全员贯彻"生活和工作平衡"的理念。人力资源部可以举办一些论坛、讲座、沙龙、茶话会等非正式的交流活动，邀请各部门管理者和员工一起参加并讨论，循序渐进地引导和启发全体员工接受这一理念。

3. 辅导员工学习实现"工作和生活平衡"的技巧。例如，组织可以辅导员工进行职业生涯规划，实现平衡；可以倡导上下级之间充分沟通，合理分配工作时间；可以做一些生活技巧方面的培训，当成对员工的一种福利。

4. 录用员工前，确保人才的特质、志向、兴趣与岗位的任职资格相匹配，实现人岗匹配。有时候，时间分配问题仅仅是"生活和工作平衡"的表象问题，兴趣需求得不到满足才是深层次的问题，实现人岗匹配能够把潜在的导致工作和生活不平衡的因素扼杀在摇篮中。

5. 关心员工的身体，对员工进行健康投资。人力资源部要关心员工的健康状况，告知已经处于不平衡状态中的员工必须及时采取相应措施。关心员工的健康状况不能只停留在报销医药费、定期体检等传统项目上，组织还应主动对员工进行更为广泛的健康投资。

6. 实施弹性工作制，使员工拥有时间安排的自主选择权。弹性工作制的具体实施形式多种多样，可以包括弹性工作地点、弹性工作时间、弹性工作内容等。总之，组织以工作目标的达成为重点，不必拘泥于形式。

7. 尽力帮助员工解决后顾之忧。例如，员工结婚时，组织将车辆借给员工使用；员工家人去世时，组织特准员工额外的带薪假期；员工要买房时，组织向员工提供无息借款等。

帮助员工实现工作和生活的平衡，能够提高员工满意度，降低员工的缺勤率和流失率，还能够吸引高素质人才，最终促进组织效益和效率的提高。在维持员工工作和生活平衡方面舍得投资的组织，能够从员工身上得到更多的回报。

6.3.3 职业幸福：增强职业幸福感

组织要帮助员工增强职业幸福感，可以和员工一起实施如下步骤。

第1步：员工画一个圆并将其平均分成8份，在其中填上与职业幸福感相关的8项内容，如图6-6所示。

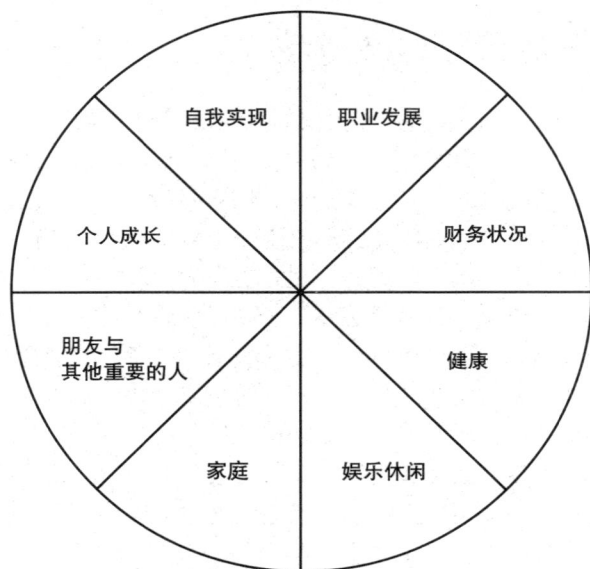

图 6-6　与职业幸福感相关的内容示意图

这里填写的8项内容没有限制，员工可以参考舒伯职业价值观测评中的15项职业价值观填写，可以根据角色时间分配饼图中的角色填写，也可以完全按照本人的意愿填写。

第2步：员工对这8项内容进行优先级排序，并分别写出自己对每项内容的满意度。

例如，对于有的员工，"个人成长"排第一，满意度为50%；"家庭"排第二，满意度为90%；"财务状况"排第三，满意度为60%……全部写完后，员工找出优先级比较高、满意度比较低的项目。

第3步：员工针对优先级比较高、满意度比较低的项目的当前情况，列出自己进行改正的行动方案和实施计划。行动方案和实施计划中要包含具体的时间、事件和行为。

第 4 步：员工审视整个图形与整体的行动方案和实施计划，视情况将其调整到最适合自己的样子，开始为要做的第一件事做准备。

6.4　职业路线

员工的职业发展需要一条清晰的路线，组织需要提前为员工设计这条路线，并且让员工能够感知这条路线。要设计好员工的职业发展路线，组织不仅需要做好员工职业规划，还需要做好其他的人力资源管理工作，建设员工职业发展生态系统。

6.4.1　双向绑定：职业发展生态系统

很多组织的员工职业发展管理工作都存在制度化、形式化、落地难的问题。员工职业发展管理工作不能与其他人力资源管理工作割裂开来。组织需要把员工职业发展管理工作放到人力资源系统中，构建组织和员工的匹配模型，并做好其他人力资源管理工作，建立员工的职业发展生态系统。

员工职业发展管理是人力资源管理的一部分，通过平衡组织发展需要、员工发展需要以及人力资源管理的各模块，员工的职业发展生态系统（见图 6-7）应当成为组织管理生态系统的一部分，成为人力资源管理生态系统的一环。

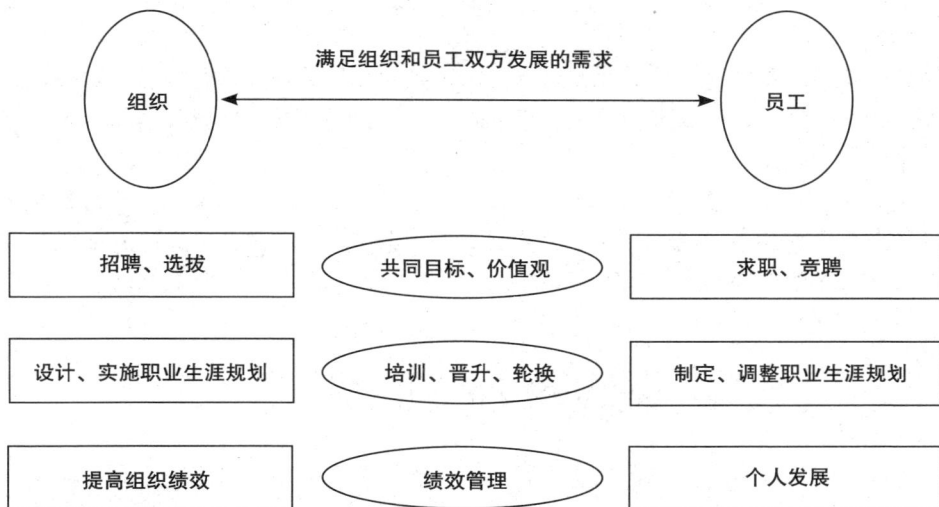

图 6-7　职业发展生态系统示意图

组织要清楚，员工职业发展的前提是员工的职业发展必须和组织的发展相适应和匹配，员工职业发展管理应当满足组织和员工双方发展的需要，而不仅仅满足一方的需求。

有的组织做员工职业发展管理只是为了保留员工。为了保留员工，组织年年给员工升职，年年给员工涨工资。结果，员工是留住了，可组织却产生了大量的成本。实际上，保留员工只是员工职业发展管理的结果，而不应该是唯一的目的。

组织在制定员工职业发展规则的时候，要考虑组织和员工的双赢需求。例如，有的组织规定，员工第二年的晋升条件和晋升比例与组织上一年的业绩有关。组织的业绩越好，晋升的人数越多；组织的业绩太差，可能第二年整体都不会得到晋升。

这时候，组织中的所有人都希望业绩变好，因为只有这样，员工才有晋升的空间和可能。这么做，是把组织的集体命运和员工的个人命运绑定在一起，把组织的发展和员工的发展联系在一起。

员工职业发展管理是镶嵌在整个人力资源管理体系中的一环，应该和人力资源管理的其他模块相匹配。

在人才选拔的过程中，组织要选拔出和组织有共同目标、价值观的员工。有的组织在选拔员工时，只考察员工能不能胜任工作，而忽略了员工个人的发展目标。结果是员工很优秀，并且能出色地完成工作，但一年甚至几个月后，员工就离职了。这时候，组织不但失去了一个优秀的员工，还可能为竞争对手培养了人才。

员工入职后，组织要建立员工职业发展档案，并通过对各类员工的职业发展进行评估，建立与员工职业发展管理相配套的人才培养体系。之后组织需要按照员工个人的发展目标，参照人才培养体系，为员工量身打造职业发展方案。

组织通过让员工参加培训、外出学习，为员工提供晋升和轮岗的机会，提升员工的专业知识、岗位技能，等等，可以让员工找到更适合自己发展的位置，从而激发员工的潜能，提升员工的价值。

薪酬管理的整套规则和职业发展体系应该是关联的。不同等级的员工对应着不同的薪酬水平。通过薪酬管理把员工职级和薪酬挂钩，能让员工更直观地体会晋升给自己带来的物质收益。

组织通过绩效管理对员工每一阶段的工作做绩效评估，可以了解员工的工作业绩，帮助员工寻找绩效方面的问题及其原因，并提供改进意见。员工可以通过改进绩效的行动，不断调整职业发展方案，从而在实现个人绩效水平提升的同时改善组织绩效，最终实现个人职业目标。

6.4.2 路径通畅：职业发展通道建设

不同的组织有不同的员工职业发展通道。比较常见的职业发展通道有 4 种，分别是管理类通道、业务类通道、技术类通道和操作类通道，如图 6-8 所示。

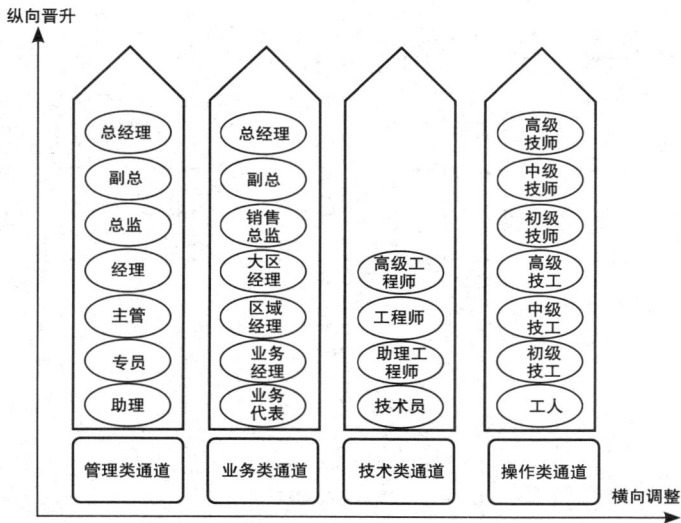

图 6-8 职业发展通道示意图

管理类通道适用于组织内的各类人员。在一般的组织当中，不论部门负责什么工作，都要有对应的管理者。有时候为了进行人才梯队建设，组织还会在部门中设置一些副职。这种部门正职和副职的职业发展通道设计就形成了管理类通道。

业务类、技术类和操作类通道区别于管理类通道，是走专业精深路线的职业发展通道。在有的大型组织当中，因为岗位比较多，可能还会设置更多的职业发展通道。

业务类通道适用于从事市场销售的人员。这类通道中员工的晋升主要看业绩，业绩越好，级别越高。

技术类通道适用于从事技术工作的人员。这类通道中员工的晋升主要看技术能力：技术能力越强，技术经验越丰富，成功经验越多，级别越高。

操作类通道适用于从事生产工作的人员。这类通道的晋升规则和技术类通道类似。

在有些互联网行业中，产品技术开发和产品生产属于一个部门，这时候可以只设置技术类通道。

组织可以根据上述常见的职业发展通道设计适合自身的职业发展通道，让员工的职业可以横向发展，也可以纵向发展。

组织在设置职业发展通道时要明确晋升规则，避免出现模棱两可的情况。有些晋升规则里说的"表现优秀""业绩突出"之类的词，就是典型的不确切的描述。比较量化、确切的描述可以是："销售业绩排名前10%""360度评估结果排名前20%""绩效考核得分排名前30%"。

在职业发展过程中，如果员工想要转换职业发展通道，寻求横向调整，一般需要参加相应岗位的相关培训，拥有岗位要求的相关技能，并通过部门的面试和被给予积极评价。员工选择继续在原本的职业发展通道中发展时，一般需要参加岗位晋升的相关培训，并且通过本部门的相关考核。

6.4.3 落地程序：职业发展晋升流程

通用职业发展晋升流程如图 6-9 所示。

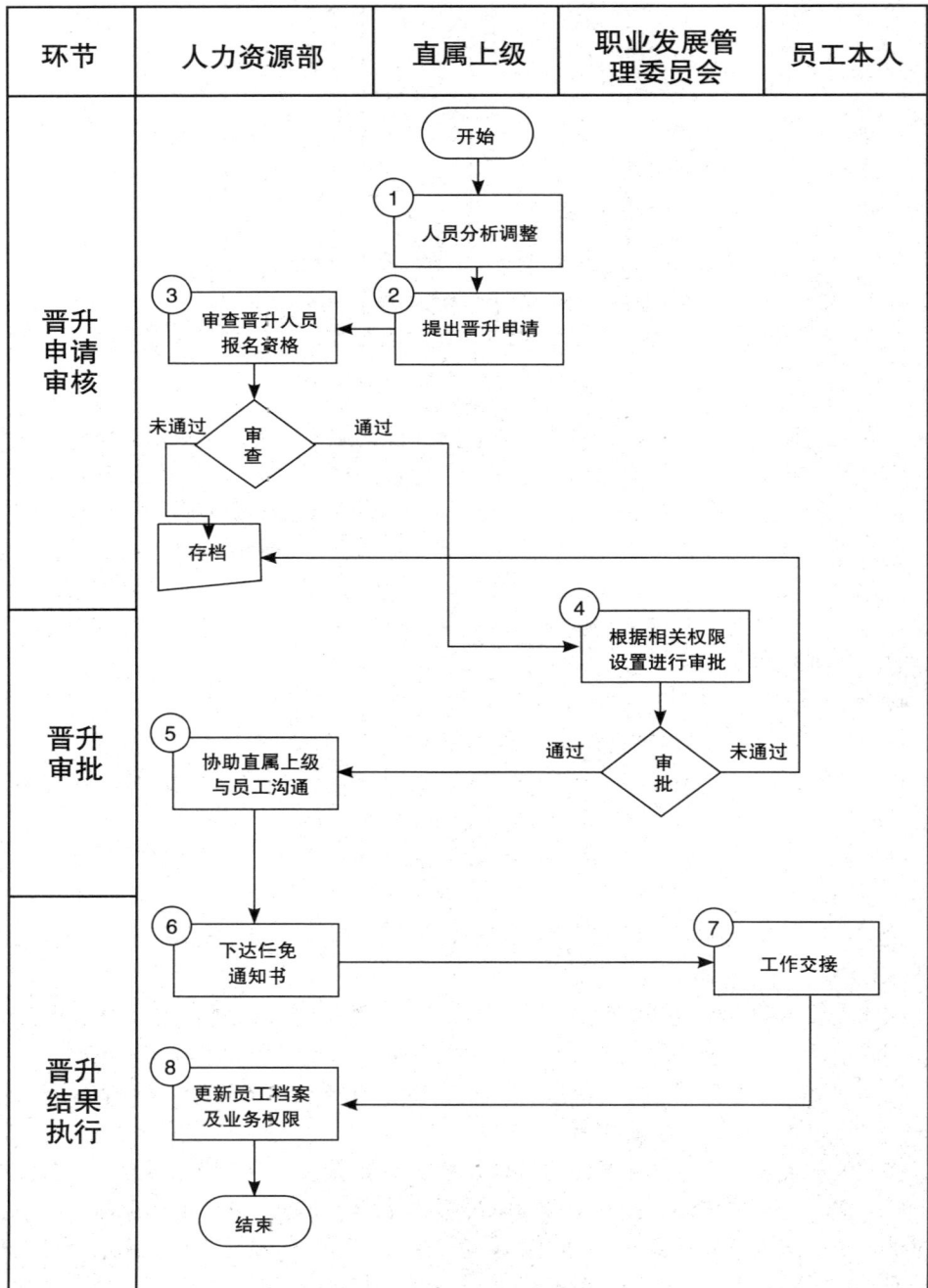

图 6-9 通用职业发展晋升流程

职业发展晋升流程中的工作描述及重要的输入与输出等如表 6-6 所示。

表6-6　职业发展晋升流程中的工作描述及重要的输入与输出

流程步骤	工作描述	重要输入	重要输出
1	直属上级根据人员规划、岗位设置、现有人员技能水平分析现有人员的合理配置	人员规划；岗位设置；现有人员技能清单	排出现有人员晋升优先次序
2	直属上级根据业务发展需求和人员能力水平及职业发展目标提出晋升申请	个人发展计划；个人绩效承诺；专业能力认证	晋升申请
3	人力资源部根据晋升要求审查晋升提名人员的资格	个人绩效承诺；专业能力认证；业务需求；人员规划；其他晋升要求；岗位空缺状况	合格的晋升候选人名单
4	根据晋升人员的级别及相关权限分别由总监 / 副总 / 总裁进行审批	合格晋升候选人名单；其他考虑要素	审批结果
5	人力资源部协助直属上级就审批结果与员工进行面谈，解答困惑和进行晋升前的首次就职辅导		
6	人力资源部下达任免通知书	晋升审批结果	任免通知书
7	员工进行履任新职的工作交接		
8	人力资源部办理相关晋升手续，更新员工档案及相应的管理权限	任免通知书	员工档案权限更新

☑ 实战案例
阿里巴巴的岗位职级设计

阿里巴巴的岗位职级分成 P 序列和 M 序列。P 序列是技术序列，分为 1~14 级。这里的技术序列泛指技术、专业能力，而不只是指计算机技术。销售类、产品类、运营类、市场类岗位都属于 P 序列。M 序列是管理序列，分为 1~9 级。

阿里巴巴 P 序列和 M 序列的岗位职级划分示意表如表 6-7 所示。

表 6-7　阿里巴巴 P 序列和 M 序列的岗位职级划分示意表

级别	职级名称	级别	职级名称
P1、P2	低端岗位预留		
P3	助理		
P4	专员 / 初级工程师		
P5	资深专员 / 工程师		
P6	高级专员 / 高级资深专员 / 高级工程师	M1	主管
P7	专家	M2	经理
P8	资深专家 / 架构师	M3	资深经理
P9	高级专家 / 资深架构师	M4	总监
P10	研究员	M5	资深总监
P11	高级研究员	M6	副总裁
P12	科学家	M7	资深副总裁
P13	首席科学家	M8	子公司 CEO
P14	高级岗位预留	M9	高级岗位预留

P 序列和 M 序列是阿里巴巴人力资源岗位管理体系科学化的体现。

阿里巴巴早期的主营业务是 B2B 业务，那时候阿里巴巴有大量的销售岗位，需要建立以销售管理岗位为基础的岗位职级管理体系，因此出现了 M 序列。后来，随着阿里巴巴的业务转型为 B2C 和 C2C 业务，再到后来公司的技术人才越来越多，技术的重要性越来越强，就出现了 P 序列。

如今的 M 序列已经基本不对中层以下的员工开放，绝大多数阿里人都被划为 P 序列。

阿里巴巴 P7 级别以下的员工人数占比超过 70%。岗位职级达到 P6 级别以上的算是中层。

从 P6 级别到 P9 级别，每一级别对应的工作内容和要求具备的能力都是成倍增长。

P6 级别的阿里人一般负责大项目中的一个模块。

P7 级别的阿里人一般具备独立立项、带项目的能力。

P8 级别的阿里人已经是更有经验的资深专家，有能力带一条完整的业务线。

P9 级别的阿里人要求在行业内有影响力，能够带 2~3 条完整的业务线和 30~40 人的团队，对每一个员工的管理都要做到非常细致，这对一个人的管理能力和沟通能力要求非常高。

阿里巴巴是典型的把岗位名称和职级名称分开的企业，大部分阿里人也并不在意自己的头衔。在一般的企业，同事之间的相互称谓总要带着主管、经理、总监之类的岗位名称。阿里人之间却很少这样，这些岗位名称更多是为了对外展示个人形象和方便开展业务。比如某人的名片上印着 ×× 总经理或者 ×× 总监，其职级可能仅是 P7 级别，然而在一些事情上，其是有权力做决策的。所以抛开岗位职级，岗位名称能够让外部人员大体判断面前某个阿里人能不能对某个事项做决策。

岗位名称和职级名称分开的好处之一是能够让阿里人随时响应组织发展变化和组织机构调整，这也符合阿里巴巴拥抱变化的价值观；另一个好处是能够让广大的技术人才享受更好的待遇。在很多传统的企业，一个管理者很难想象手下的员工会比自己的职级高，薪酬待遇也比自己高，但是这种情况在阿里巴巴比较普遍。

阿里巴巴 P4~P12 级别的通用职级描述如表 6-8 所示。

表 6-8 阿里巴巴 P4~P12 级别的通用职级描述

级别	通用职级描述
P4	1. 有相关专业教育背景或从业经验； 2. 在专业领域中，对企业职位的标准要求、政策、流程等从业所必须了解的知识处于学习成长阶段，尚需要主管或高级别人员对自己负责的任务和完成的产出进行清晰的定义和沟通并随时提供支持，能配合完成复杂任务； 3. 在专业领域中，具有学习能力和潜能
P5	1. 在专业领域中，对企业职位的标准要求、政策、流程等从业所必须了解的知识基本了解，对本岗位的任务和产出很了解，能独立完成复杂任务，能够发现并解决问题； 2. 在项目当中可以作为独立的项目组成员； 3. 能在跨部门协作中清楚沟通
P6	1. 在专业领域中，对企业职位的标准要求、政策、流程等从业所必须了解的知识理解深刻，能够和经理一起探讨本岗位的产出和任务，并对经理具备一定的影响力； 2. 对于复杂问题的解决有自己的见解，对于问题的识别、优先级分配有见解，善于寻求资源解决问题，也常常因为对于工作的熟练而有创新的办法； 3. 可独立领导跨部门的项目，在专业方面能够培训和教导新进员工
P7	1. 在专业领域中，对自己所从事的职业具备一定的前瞻性了解，在某个方面见解独到，对企业关于此方面的技术或管理产生影响； 2. 对于复杂问题的解决有自己的见解，对于问题的识别、优先级分配尤其有影响力，善于寻求资源解决问题，也常常因为对于工作的熟练而有创新的办法； 3. 可独立领导跨部门的项目，能够培训和教导新进员工； 4. 是专业领域的资深人士； 5. 在行业外或企业内经历了较长的培养周期
P8	1. 在某一专业领域中，对企业内外及业界的相关资源及水平比较了解； 2. 开始参与部门相关策略的制定，对部门管理层在某个领域的判断产生影响； 3. 对事物和复杂问题的分析更有影响力

续表

级别	通用职级描述
P9	1. 是某一领域中的资深专家； 2. 对某一专业领域的规划和未来走向产生影响； 3. 对业务决策产生影响； 4. 使命感驱动
P10	1. 在企业内部被认为是某一方面的专家或者在国内的业界范围具备一定的知名度和影响力； 2. 对企业某一方面的战略规划和未来走向产生影响； 3. 在某一领域的思想和研究在企业内部具备较大的影响力； 4. 使命感驱动
P11	1. 业内知名，对国内／国际相关领域都较为了解； 2. 对企业的发展做出重要贡献或在业内有相当成功的记录； 3. 所进行的研究或工作对企业有一定程度的影响； 4. 使命感驱动，坚守信念； 5. 成为企业使命感／价值观的守护者、传播者； 6. 对组织和事业忠诚
P12	1. 业内顶尖人才，对于国际上相关领域的思想／实践都有独到的见解并颇受尊重，比较有名望； 2. 对企业的发展做出重要贡献或在业内有相当成功的纪录； 3. 能领导企业相关方面的研究、开创业界的一些实践； 4. 所倡导或所开创的一些做法对企业的未来有深远的影响； 5. 使命感驱动，坚守信念； 6. 成为企业使命感／价值观的守护者、传播者； 7. 对组织和事业忠诚

阿里人达到 P7 级别就可以在很多互联网中小企业做技术负责人或者总监；达到 P10 级别，就属于国内在某个领域具备很大影响力的专家；达到 P12 级别，就属于国际上在某个领域非常有影响力的专家。

每个级别对应的薪酬种类、福利种类有所不同。阿里巴巴的全员通用福利较多，所以福利上的差异并非特别突出。不同级别之间的薪酬差异比较明显，相邻两个级别的年薪差异为 1.5~4 倍（含可能的年终奖）。

在不同的子公司，岗位职级的标准也略有不同。例如，阿里巴巴 B2B 业务板块工作人员的岗位职级普遍较高，但是薪酬水平普遍低于天猫子公司的同级别人员。

☑ **实战案例**

腾讯员工职业发展体系

深圳市腾讯计算机系统有限公司（以下简称"腾讯"）的职业发展体系分为干部领导力体系和员工职业发展体系。腾讯职业发展通道的设置是建立在职位类别的基础上的。腾讯职位划分为技术族、专业族、管理族、市场族、产品/项目族等类别，其示意表如表6-9所示。

表6-9　腾讯职位分类示意表

技术族	专业族	管理族	市场族	产品/项目族
软件研发类 质量管理类 技术类 技术支持类 游戏美术类 等	企管类 财务类 人力资源类 行政类 采购类 法务类 公共关系类 等	领导者 高级管理者 管理者 监督者 等	战略类 产品类 销售类 客服类 销售支持类 内容类 等	游戏策划类 产品类 项目类 等

技术族、专业族、管理族、市场族、产品/项目族等各类别中的各个职业发展通道均由低到高划分为6个等级：初做者、有经验者、骨干、专家、资深专家和权威。腾讯职业发展通道这6个等级的定义如表6-10所示。

表6-10　腾讯职业发展通道不同等级的定义

级别	名称	定义
6级	权威	作为腾讯内外公认的权威，推动腾讯决策
5级	资深专家	作为腾讯内外公认的某方面的专家，参与战略制定并负责大型项目/领域
4级	专家	作为腾讯某一领域的专家，能够解决较复杂的问题或领导中型项目/领域，能推动和实施本专业领域内的重大变革
3级	骨干	能够独立承担部门内某一方面工作/项目的策划和推动执行，能够发现本专业业务流程中存在的重大问题，并提出合理有效的解决方案
2级	有经验者	作为一个有经验的专业成员，能够应用专业知识独立解决常见问题
1级	初做者	能做好被安排的一般性工作

因个人能力的发展是一个逐步积累和提升的过程，同一等级中的个体又有着不同的绩效表现，所以每个等级又分成3个子等级，由低到高分别是：基础等、普通等和

职业等。

基础等指的是刚达到本等级能力的基本要求，还需要进一步巩固；普通等指的是完全达到了本等级各项能力的要求；职业等指的是在本等级的各项能力和表现已经成为部门内部或整个公司的标杆。

员工根据自身所在岗位，一般只能选择对应的某一类职位作为自身的职业发展方向。但为了保证管理者在从事管理工作的同时能够不断提升自身专业水平，腾讯要求除了总经办的领导以及执行副总裁，所有管理者必须同时选择技术族、专业族、市场族中的某一职位类别作为自己的专业发展通道，以实现双通道发展，其示意图如图6-10所示。

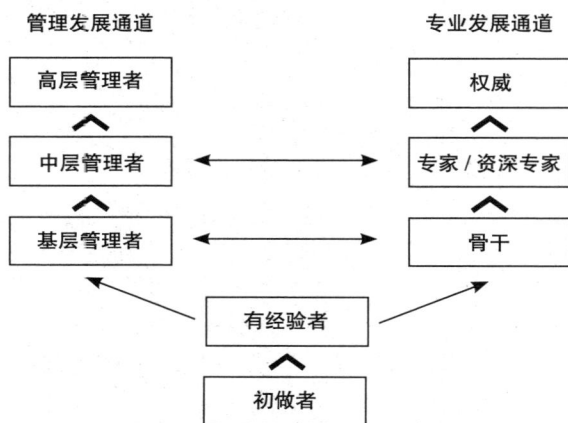

图 6-10 腾讯双通道职业发展体系示意图

腾讯员工职业发展与专业技术任职资格等级的评定流程如图6-11所示。

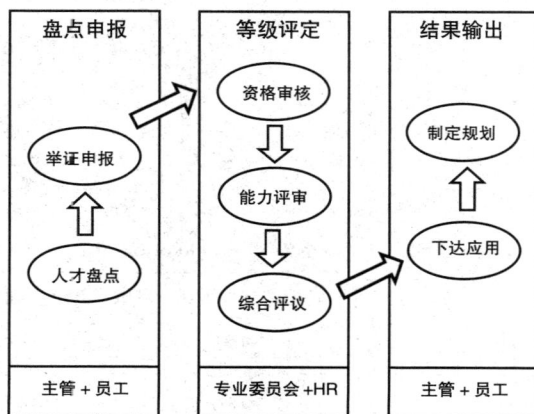

图 6-11 腾讯员工职业发展与专业技术任职资格等级的评定流程

1. 盘点申报

每年的 1 月和 7 月，人力资源部发起员工的能力评估，各级主管在人力资源部规定的时间内进行人才盘点，汇总晋级、降级和换通道的下属名单并申报。

2. 等级评定

人力资源部及职业发展管理委员会组成评审委员会，对员工进行能力评审。能力评审的方式主要是知识考试和行为认证。知识考试主要考察员工对培训课程的掌握情况，行为认证主要考察员工的态度、绩效和能力是否达标。

人力资源部会定期组织各类知识考试，各职位、各级别的员工均可参加，通过后成绩在两年内有效。同时，职业发展管理委员会对各下属委员会的能力评审结果进行综合评议，统一全公司尺度，从总体上把握等级的变动结果。

3. 结果输出

职业发展管理委员会将最终的评审结果反馈至各部门，同时正式下达通知到各部门及各主管，由各主管启动职业发展规划的流程。级别确定后，员工的绩效考核、薪酬水平等方面均会有相应的调整。

第7章

TD 典型实战案例

在实务工作中，不同组织的 TD 常常会遇到各种可预料或不可预料的实际问题。本章主要介绍 4 个比较典型的案例，通过对案例的解析和对方法的总结来启发 TD，帮助 TD 更好地应对实际工作。

7.1　案例：让管理者学会用人

要保证组织的人才发展，TD就要引导管理者学会用人。每个人都有优点和缺点，如果总盯着别人的缺点，则天下无可用之人；如果能够正视别人的优点，则天下皆为可用之才。"千里马常有，而伯乐不常有"，用人当用人之长，不能一味盯着别人的缺点，不能苛求世界上有完美的人。

7.1.1　案例内容：管理者只看到员工缺点

某公司刚成立不久，总经理和TD都是新上任的。有一天，总经理找来TD，说起了自己工作上的难处。

总经理说："我发现公司员工没一个让我省心的，每个人都有一大堆问题！有的专业能力不足，有的懒散……"

TD一边记录，一边思考着如何解决这些问题。

之后，TD联合LD对公司的全体员工做了一系列的培训，想方设法提升员工的能力。在这一过程中，TD和LD明显感到员工的能力得到提升。

一段时间后，TD找到总经理，询问其对这段时间员工成长情况的看法，没想到总经理仍然不满意，依然细数着员工身上的问题。

而且糟糕的是，总经理对员工的这种态度变成一种"苛责文化"，在整个公司蔓延开来。公司的各级管理者仿佛都觉得自己的下属有问题，正是因为下属的问题自己的工作才没有做好。

在员工访谈中，很多员工向TD反映自己明明工作很辛苦，却得不到来自上级的肯定。上级总是在埋怨下属的不足，下属的工作价值感很低，有人开始反感这种组织文化氛围，萌生了离职的念头。

为了搞清楚状况，TD对公司全体员工做了一次客观全面的人才测评，发现公司员工具备一定的素质和能力，并不像很多管理者说的那样一无是处。每个员工都有缺点，也有优点，可各级管理者如果总盯着员工的缺点，当然会得出员工有问题的结论。

面对这种局面，TD应该怎么办呢？

7.1.2 分析思考：管理者的角色认知

一个人看世界的角度决定了世界是什么样子。如果以爱的心态来看待这个世界，这个世界就到处充满着善良；如果以警惕的心态来看待这个世界，这个世界就到处充斥着邪恶。世界还是那个世界，它就在那里，可因为人们的世界观不同，人们所看到的世界就不同。

同样，上级看下属的角度也决定了下属是什么样子。如果注意寻找下属的优点，每个下属都是可用之人；如果只盯着下属的缺点，那么没有一个下属是可用的。下属还是那个下属，奇怪的是他在 A 团队不能创造价值，到了 B 团队却可以做出成绩。

很多管理者抱怨下属的能力不足，埋怨团队难管。可如果管理不难，如果人才能够自然组织在一起，那还要管理者做什么？包容人才各式各样的问题，发挥人才的各种特长，本身就是管理者应该做的。

职场管理中有句话叫"不要让队友失败"，意思是在管理中，队友是和自己一起达成目标的人，队友失败就等于整个团队失败。所以不要抱怨队友不好，帮助队友成功就是帮助自己成功。

上例中的 TD 该怎么办呢？

TD 应改变思路，把想尽一切办法改变员工转变为尝试改变管理者，让管理者学会发现和运用下属的优点。

于是，TD 组织了一场讨论会。会上，TD 让所有管理者尝试发现下属的优点，并让每个管理者站起来发言，在说出下属优点的同时，也说明如何用好下属的优点。

后来，经过几次类似这样的交流互动，公司所有管理者对下属的态度有所转变，虽然有的管理者还是会时不时地提出下属的缺点，但同时也能发现下属的优点，并用好下属的优点，公司的文化氛围也比以前好了很多。

7.1.3 延伸方法：发现和运用员工的优点

很多管理者总是盯着下属的缺点，想通过改变下属的缺点来改变下属的行为。如果下属的缺点难以改变，就认为下属的素质低或能力弱，期望将其淘汰或更换。当换人之后，又发现新的下属也有很多缺点，于是陷入"死循环"。

其实，每个人都有优点和缺点，尤其成年人的很多个性是难以改变的。与其总盯着员工的缺点，想办法改变员工的缺点，不如试着发现员工的优点，让员工发挥自己的特长。

世界上不存在全是优点的员工，也不存在没有优点的员工。有优点，就意味着有发挥空间，有用武之地，有擅长领域。管理者要发现员工的优点，根据员工的优点用人，不要总盯着员工的缺点，要做到扬长避短。

那么，如何发现员工的优点呢？

发现员工的优点可以通过以下 4 步来完成。

第1步：拿出一张纸，写下员工的名字。

第2步：在员工的名字后面，写出员工的5~10个优点。

第3步：根据写出的员工的优点，写出每个优点对应的员工擅长的工作领域。

第4步：根据员工擅长的工作领域，写出比较适合员工从事的工作。

人们会因为别人的肯定而保持和发扬某种品质。管理者在发现员工的优点后，除了合理运用员工的优点，还要马上赞美员工的优点，让员工继续保持和发扬自己的优点。在赞美员工优点方面，管理者要注意以下6点。

1. 及时赞美

发现员工的优点后，管理者要就着当时的情境及时赞美员工的优点。如果事后赞美，管理者可能会忘记当时的情境，员工的感受可能不强烈，管理者的赞美可能就不具有说服力。

2. 随时赞美

管理者不要放过任何一次赞美员工的机会。赞美其实是一门技术活，不经常赞美别人的人在刚开始赞美别人的时候难免显得生涩，不容易达到良好的效果。通过随时赞美，管理者可以锻炼自己发现员工优点、赞美员工优点的能力。

3. 公开赞美

管理者对员工的赞美最好在公开场合进行，通常人越多，在场的人职位越高，被赞美的员工感受越强烈，赞美的效果越好，激励性越强。例如，有的管理者在高层管理者到自己部门时，向高层管理者介绍每一个员工，并顺便赞美他们的优点。

4. 多次赞美

管理者不要吝惜对员工的赞美，每个人身上的优点都有很多。员工不缺少优点，缺少的是发现员工优点的眼睛。管理者只要发现员工的优点就要及时赞美，并可以对同一个员工在不同领域进行多次赞美。

5. 赞美细节

管理者对员工优点的赞美不要过于笼统，最好说出具体的细节。对过于笼统的赞美，员工的感受不强烈。细节能够给员工以画面感，能够带来真实感，也能够让员工强烈地感受到自己的存在，从而达到更好的激励效果。

6. 赞美期待

因为赞美有激励性，所以管理者可以尝试把对员工的赞美用在员工原本不具备、但管理者期待的品质上。

员工在被管理者赞美的时候，会产生一种"被看见"的感觉。这种感觉会带给员工强烈的存在感，使员工感受到自己在团队中的价值和意义，从而受到较强的激励。通过管理者对员工优点的赞美和运用，员工的优点会越来越明显。

7.2 案例：润滑团队内部沟通

很多管理者虽然能力很强，但不懂得如何与团队成员有效沟通，往往造成团队内部的工作氛围不和谐。遇到这种情况时，TD可以提示团队管理者掌握沟通技巧，通过对员工的关怀将团队拧成一股绳。

7.2.1 案例内容：难以推进的工作任务

某公司原本是A产品市场领域的龙头，因A产品逐渐走向衰落期，公司开始寻求产品的转型升级，重点进行B产品的研发。然而公司当前的甲团队虽然对A产品的研发非常熟悉，但却没有B产品的研发经验，于是B产品的研发进程缓慢。

为了打破产品转型面临的尴尬局面，公司决定大胆采用新的管理层，于是外聘了一位对B产品研发有丰富经验的张三作为副总，由他负责B产品的研发。张三为了更高效地研发B产品，带来了一个原来跟着自己的团队，即乙团队。

此时按部就班似乎就可以迎来B产品的研发成功，然而甲团队与乙团队的磨合却出现了问题。张三业务能力出众，对待工作也十分认真负责，但因平时不苟言笑，满脑子都是工作，被同事们称为"工作狂"。

在磨合期，张三向TD抱怨甲团队沉浸在过去A产品的研发经验中，不理解自己的诉求，也听不进自己的要求，还是按照老路子做事。张三说自己尝试过与甲团队沟通，但发现收效甚微。

甲团队向TD抱怨张三将更多的时间和沟通用在了乙团队上，并没有耐心细致地讲解清楚B产品研发逻辑的全貌。因为甲团队成员觉得与张三不熟，即使有很多不懂的地方也不敢贸然询问，只能按照自己的理解做事。

乙团队初来乍到，想和甲团队好好共事，可张三发现甲团队对很多工作不理解后，就把事情都交给乙团队的人来做。于是乙团队的工作量骤增，每天加班都完不成工作，甲团队却相对比较轻松，这让乙团队产生了不小的抱怨。

总结一下，由于甲团队不熟悉B产品的研发逻辑，张三对甲团队不满意，不愿跟甲团队沟通，于是给乙团队安排了更多的工作；但这却让甲团队觉得张三偏向乙团队，对张三和乙团队不满意；乙团队的工作量大，看到甲团队的工作量小，对张三和甲团队也不满意。

在这种情况下，B产品的研发进展缓慢。按照当前的速度，B产品研发成功的时间必然会比公司预期的时间推迟很久。而且因为内部沟通不畅，就算B产品研发成功，在功能细节上也可能无法达到要求。

为了解决这个问题，TD首先尝试面对面组织会议，把张三、甲团队和乙团队召集在一起，期望能把问题放在明面上说清楚。会上大家确实畅所欲言，然而会后又觉得很多问题好像没说清楚，最后会上提的很多问题都没有解决，也就不了了之了。

既然面对面的沟通没有解决问题，TD 想是不是因为面对面沟通时有些问题比较难说透，所以又尝试背对背访谈沟通。TD 分别找张三、甲团队和乙团队沟通，详细记下大家不满意的事项，再传达给其他两方。可是因为这种沟通有 TD 在中间"传话"，一些负面信息的传递听起来格外刺耳，从而引发了很多人的不满情绪。这样做似乎也不可行。

问题到底出在哪里呢？该如何解决呢？

7.2.2 分析思考：将团队拧成一股绳

工作中总会有一些无法描述、无法衡量的问题，造成组织或团队内部出现不理解、不配合的情况。这些问题很多出自组织或团队成员之间没有形成良好的沟通氛围，没有实现相互信任，没有形成默契。

沟通的问题最好通过沟通的方式来解决，可如果只是一味采取正式的、官方的沟通方式，虽然可以做到就事论事，却可能难以实现心与心之间的连接。在组织或团队内部多增加一些非正式沟通，很多沟通问题可能就会迎刃而解。

所谓非正式沟通，指的是上下级或同事之间在开会、汇报、述职等就工作谈工作的场合之外的非正式场合的沟通。例如，早晨上班乘电梯时的沟通，中午在餐厅吃饭时的沟通，晚上下班偶然遇见时的沟通，都属于非正式沟通。

对于上例中的问题，TD 决定采取一种非常规的方法来解决。TD 找到张三，说明了当前问题的关键是张三和甲团队之间的沟通出了问题，希望张三能够配合做一件看似不合理的事。张三听完后觉得诧异，但因为他也想改善当前的局面，所以就同意了。

TD 要求张三做的事，是每天给甲团队的所有成员分别发一条消息。这条消息的内容必须与工作无关，而且张三必须得到对方的回应，才算是"完成作业"。TD 每天检查张三有没有做这件事。张三如果实在没话说，每天问甲团队的成员"吃饭了吗"也可以。

刚开始，张三觉得这种聊天很尴尬，每天只是生硬地和甲团队的成员对话。过了几周后，张三和甲团队成员之间由每天一两句的对话变成了每天满屏的对话，对话内容也变得自然流畅，已经没有"完成作业"的痕迹，很多交流都是有感而发的。

渐渐地，张三对甲团队的成员有了改观，觉得甲团队的成员是一群有思想、有冲劲的年轻人，有很强的学习能力，愿意接受新事物，愿意主动学习。张三和甲团队的成员聊了很多 B 产品研发逻辑的深层知识。

甲团队的成员对张三也有了改观，觉得张三并不像他们一开始以为的那样不近人情；相反，张三其实是个很友善的管理者，不仅关心他们的工作，而且关心他们的生活，于是他们敢于和张三交流，敢于向张三提问。

张三渐渐地把很多 B 产品的研发工作给了甲团队，乙团队的工作量和甲团队的工作量得以平衡。两个团队之间没有了芥蒂。在张三的带领下，整个公司上下团结一致，攻坚克难，如期将 B 产品研发成功。B 产品上市后，得到了用户的认可，市场表现非常优秀。

很多时候，正式沟通没有办法解决的问题，非正式沟通却能够解决。非正式沟通的魅力在于它能拉近人和人之间心灵的距离，而非让人就事论事地谈工作。

开展非正式沟通时，需要注意以下3点。

（1）非正式沟通最好由上级发起，沟通过程中要体现上下级平等。上级如果想和下级交心，在沟通时最好让双方并排坐或并排站，而不是对着坐或对着站；也可以是下级坐着，上级站着，但一定不要是下级站着，上级坐着。

（2）非正式沟通过程中最好少谈工作，上级最好少向下级提出工作上的要求。上级应利用非正式沟通多关心下级的生活，给下级关怀，让下级感受到来自上级的善意。

（3）开展非正式沟通时不要过于死板，不要给人一种机械的感觉。非正式沟通的形式和开展时间不是固定的，如私下的聚会、公司的集体活动、出差的路上等，只要有沟通交流的机会，都可以开展非正式沟通。

7.2.3　延伸方法：人对了，什么都对了

职场管理中有句话叫"人对了，什么都就对了；人不对，什么都不对"。管理中产生的很多问题是因为人和人之间的沟通出了问题，而且这种沟通问题多来自管理者，管理者没有向员工表达善意，造成员工和管理者之间产生了心理上的隔阂。

管理者日常对员工的关怀影响深远。水滴虽然不能一下子击穿岩石，但只要时间够长就能改变岩石的形状。管理者对员工的关怀就像水滴一样，浸润着员工的心灵。关怀员工是管理者必备的技能之一。

管理者对员工的关怀可以体现在以下4个方面。

1. 记住细节信息

管理者要记住员工基本信息的细节，可以是记住员工的生日、记住员工家人的姓名、记住员工家人的生日、记住员工生病的情况、记住员工家与公司的距离、记住员工上下班的方式等。管理者记住这些细节信息，更容易体现出对员工的关怀。

2. 实施多样关怀

不同年龄段、不同经验、不同文化背景的员工，关注的重点是不同的。例如，没有结婚的员工可能更关注自己的婚姻问题，年龄偏大的员工可能更关注自己的健康问题。管理者在关怀员工时，应当察觉这些不同之处，对不同的员工采取不同的关怀策略。

3. 适时帮助员工

当员工在生活上需要帮助的时候，管理者应想方设法给员工提供适时的帮助。例如：在员工因为特殊情况需要请假的时候，允许员工带薪休假；当员工的家庭遇到某方面困难的时候，通过慰问走访、组织捐款等形式，帮助员工渡过难关。

4. 提供必要支持

当员工在工作上需要支持的时候，管理者要尽全力给员工提供必要的支持。例如：当员工在开展某项工作时需要管理者帮其协调某项事务时，管理者应当主动站出来帮助员工；当员工在工作上遇到困难的时候，管理者也应及时帮助员工克服困难。

要表达对员工的关怀，管理者要做好如下5个方面的工作。

1. 定期谈话

与员工谈话是管理者表达对员工的关怀最基本的方式，管理者要定期与员工谈话。与员工谈话结束后，管理者要做好对与员工谈话情况的记录，记住每个员工的关键信息。需要注意的是，如果没有特殊情况，不要与某个员工频繁谈话，或忽略某个员工。

2. 关注身心健康

管理者要关注员工的身心健康，对于有健康问题的员工，管理者应给予其更多的关怀，为其提供体检或治疗的机会。员工生病治疗时，管理者可以前往探望。对于工作给员工造成的心理压力，管理者应帮助员工排解。对于处于经期、孕期和产期的女员工，管理者可以给予一定的照顾。

3. 提供工作条件

管理者应保证员工的工作安全，为员工提供必要的工作条件。工作条件影响着员工对工作岗位的选择，以及员工是否愿意长期留在工作岗位上工作。工作条件包括工作的物理环境和文化环境，舒适的工作场所、温馨的办公室布置、贴心的休息区等属于物理环境，组织文化、工作氛围、上下级关系等属于文化环境。

4. 解决后顾之忧

衣、食、住、行、用等是员工在生活及工作中难免会关心的问题，管理者要提前想到员工在这些方面可能存在的困难，帮助员工解决后顾之忧。例如：有的组织为员工提供非常丰富的三餐，员工可以带家属来用餐，也可以将饭食打包带回家，从而节省员工做饭的时间；有的组织为员工给提供班车，接送员工上下班；还有的组织为员工提供单身公寓，解决员工的住宿问题。

5. 满足员工的个性化需求

不同的员工有不同的需求。成长型的员工一般希望承担有挑战性的工作，知识型的员工一般希望更多地参与到工作的决策过程中，服从型的员工一般希望有条不紊地开展本职工作。有的员工想要晋升，有的员工想要不断学习，还有的员工想要实现生活和工作的平衡。管理者不应把自己的想法强加给员工，而应当满足员工的个性化需求。

7.3 案例：表现不佳的人才发展

很多组织会出现员工刚入职时表现优异，绩效水平较高，工作一段时间后却表现越来越差的情况。管理者为此埋怨员工，实际上很可能是管理者只在员工刚入职时给员工提供了必要的指导，随着员工的成长没有做好后续的绩效辅导工作。为促进绩效达标和保持员工稳定，TD 要引导管理者做好绩效辅导工作。

7.3.1 案例内容：员工绩效变差怎么办

某组织的管理者李四在晋升为管理者的这几年，发现自己团队中有个奇怪的现象。

新员工入职后，多数能以饱满的热情和积极的状态较好地完成工作。然而工作一段时间后，随着李四对新员工的要求越来越高，新员工的状态越来越差，绩效水平也越来越低，有不少原本优秀的员工因此黯然离职。

李四一开始觉得这是因为组织没有给员工提供职业发展通道，员工因为没有成长的动力，所以在工作上逐渐懈怠。李四把这个想法告诉了 TD，TD 非常重视，明确了组织内员工的职业发展通道，并帮员工明确了职业发展路径。

可这样做了之后，状况并没有得到改善，李四团队中的新员工依然"留不下来"。有意思的是，组织中除了李四的团队，别的团队并没有出现这种状况。看来问题出在李四身上。于是，TD 和李四又进行了一轮沟通。

这一次，李四反思可能是自己对员工的要求太高了。可转念一想也不对，李四对员工的要求实际上是组织对李四团队工作成果要求的传达，李四并没有在这个要求的基础上加上自己的额外要求。也就是说，李四如果不这样要求员工，那自己团队的工作就完不成。

员工的绩效不达标，导致李四团队的绩效也不达标，致使李四表达出对员工的不满。员工的苦闷无处宣泄，便以离职告终，新一轮的招聘随之进行，招聘的延时性、市场的多变性都会干扰组织业务的正常开展，于是形成一个恶性循环。

面对这个局面，TD 该怎么办呢？

7.3.2 分析思考：给"地图"而不是"望远镜"

上例中的 TD 首先应明确问题的源头是李四，而不是组织层面的职业发展通道设计不良。可李四具体存在哪方面的问题呢？也许多问问李四的员工才会有答案。为聚焦问题，TD 对在李四团队中工作 1 年以上的员工实施了访谈，访谈结果出乎 TD 的意料。

根据李四团队的员工反映，李四平时待人很好，尤其是员工刚入职时，李四会帮助新员工熟悉环境、熟悉工作，亲自教新员工技能和方法，提升新员工的能力。这不仅让刚来到陌生环境的新员工感到温暖，而且能使新员工对工作快速上手。

然而新员工工作一段时间后，李四对新员工在工作方法和技能上的关注明显减少，转而提出更高的要求和过多的苛责。李四只是一味地在工作目标和绩效成果上对员工提出要求，至于员工如何达成工作目标和绩效成果，李四则并没有给员工足够的指导。

例如有一次，李四对一个员工说："我都跟你说了要好好对待客户，要让客户满意，你怎么能这么对客户呢？"

这个员工很委屈。什么叫"好好对待客户"？什么叫"让客户满意"？员工具体应该做什么？什么事情该做？什么事情不该做？什么话该说？什么话不该说？李四既没有就这些问题的答案提前向员工说清楚，出问题后也没有给员工明确的界定。

从客户不满意的结果上看，员工确实没做好，但员工行为的初衷是好的，员工也想让客户满意，只是不知道该如何做才能让客户满意。李四只是一味地提要求和在事后指责员工，不能给员工提供建设性的意见和行动上的指导，下次出现类似情况时，员工依然不知道该怎么做，依然可能产生同样的问题。

这时候，TD发现问题的症结了。李四的问题是没有对员工实施持续有效的绩效辅导。在李四的世界中，员工脱离新手的稚嫩，能够上手开展工作后，自然就应该达到绩效要求。至于员工如何达到要求，那是员工自己的事。

针对发现的问题，TD找李四深度沟通了一次。李四也意识到了自己的问题，逐步开始对老员工实施绩效辅导。

李四进行绩效辅导的方式是每周至少和员工做一次关于绩效的沟通，对于自己熟悉的工作，手把手教员工；对于自己不熟悉的工作，则和员工一起寻找解决方案。通过绩效辅导，李四也能为一些原本需要资源或支持，却不敢主动提出的员工提供帮助了。

为了更好地实施绩效辅导，李四还定期在部门内部组织绩效分享会，让绩效优秀的员工总结和分享自己的经验，令会上形成的方法论成为团队解决同类问题的参考。李四也会结合自身经验，定期和员工一起总结解决问题的工具和方法论。

一段时间后，不仅李四团队的绩效水平越来越高，而且员工的稳定性和满意度都在逐渐提高。最终，李四成了组织内公认的优秀管理者。

员工需要的不是"望远镜"而是"地图"。一句抽象的"好好做"，并不能让员工真的知道该如何做。管理者要在员工不知道该怎么做时，告诉员工具体怎么做，通过绩效辅导让员工和团队的绩效水平逐步提高。

7.3.3　延伸方法：实施绩效辅导的方法

有的上级不知道如何对下级实施绩效辅导，有时候实施了某一项又忘了另一项。这时候，上级可以遵循G（Goal，目标）、R（Reality，现实）、O（Option，选择）、W（Will，意愿）的绩效辅导内容模式开展绩效辅导。

1. 明确目标

在绩效辅导的过程中，上级首先要与下级一起明确目标。目标是努力的方向，只有明确了方向，工作才有可能开展得有意义、有价值。

在明确目标的时候，上级可以和下级共同探讨如下问题。

（1）本次绩效辅导主要想谈什么事情或者解决什么问题？

（2）通过绩效辅导，上级和下级希望得到什么结果？

（3）对于目标的确定，上级和下级分别有哪些想法？

（4）目标是否为积极的、有挑战性的、可以达成的、可以衡量的？

（5）下级准备在什么时间达成目标，对进度的把控如何？

（6）整体目标是否可以进一步分解成不同的阶段性目标？

2. 认清现实

在绩效辅导的过程中，上级还要和下级一起了解当前的现实状况。上级和下级都要以事实为依据，不能凭空想象或拍脑袋做决策。

在认清现实方面，上级和下级可以共同探讨如下问题。

（1）下级会给自己的工作表现打多少分？

（2）发生了什么事情，以及当前的状况是怎样的？

（3）下级是怎么评价自己当前的工作状况和遇到的问题的？

（4）为解决问题，下级采取了哪些措施？结果怎么样？

（5）下级在完成工作目标的过程中会涉及哪些人员或部门？

（6）下级是否能举出例子来证明自己的判断和想法是正确的？

3. 选择方案

在绩效辅导的过程中，上级要和下级一起制定行动方案。行动方案不应当完全由下级制定，因为这样制定的行动方案可能会趋于简单；也不应当完全由上级制定，因为这样制定的行动方案可能会不切实际。

在选择方案方面，上级和下级可以共同探讨如下问题。

（1）下级准备如何解决问题？

（2）还有谁能帮助下级解决问题？

（3）下级有没有其他选择？

（4）若别人遇到相同问题时会怎么做？

（5）上级认为问题应如何解决？

（6）上级可提供什么样的建议？

4. 达成意愿

在绩效辅导的最后，上级要和下级达成一致的意见。上级和下级的意见一致代表着双方沟通后获得了都可以接受的结果，是一种管理和辅导的平衡。

在达成意愿方面，上级和下级可以共同探讨如下问题。

（1）下级下一步准备做哪些明确的、具体的事情？

（2）在不同的解决方案中，下级比较倾向于选择哪一种？

（3）下级准备什么时候开始行动，以及何时完成行动？

（4）除了上级，还需要谁为下级提供帮助？

（5）下级在执行的过程中可能会遇到什么样的困难？

（6）下级准备用什么方式解决可能遇到的困难？

（7）上级和下级之间需要如何沟通工作进度？

没有沟通就不是绩效辅导。在绩效辅导的过程中，上级应就组织或团队内部发生的重要事件与下级进行定期和不定期沟通，持续不断地辅导下级和帮助下级改进，同时根据情况开展正式或非正式沟通。

在绩效辅导的过程中，上级和下级应遵循的原则如表7-1所示。

表7-1　绩效辅导中上级和下级应遵循的原则

上级	下级
坦诚率直	保持积极豁达的态度
客观地讨论具体行为和事实	审视和发现自身不足
关注工作问题而不是个人问题	有所准备并愿意表达意见
维护下级的自尊	针对反馈意见提出问题并使其明确具体
提供方法和建议	明确未来目标和行动计划

上级通常可以把下级所有的绩效问题归纳为态度、知识、技能和外部因素4个大类。要弄清楚下级究竟是在哪个大类上出了问题，上级可以重点关注并问自己和下级如下问题。

（1）下级是否有正确的态度和自信心？

（2）下级是否有做这方面工作的知识和经验？

（3）下级是否具备应用知识和经验的相关技能？

（4）下级是否遇到不可控制的外部障碍？

（5）下级遇到的问题是否实则是组织层面的绩效问题？

（6）绩效问题是否来源于下级的工作目标不明确？

（7）下级是否清楚自己工作的完成情况？

（8）下级曾经是否圆满达成过工作目标？

上级在实施绩效辅导之前，要在工作中不断进行绩效过程监控，不断关注如下问题。

（1）下级的工作职责履行得怎样？有哪些方面没做好？

（2）下级是在朝着实现目标的方向努力吗？

（3）下级如果偏离了方向，需进行哪些改变才能回到正轨？

（4）在支持下级的进步方面，自己能做些什么？

（5）是否发生了影响下级工作任务的重要性次序的变化？

（6）如果发生了相关变化，下级在达成目标方面应做出哪些改变？

7.4 案例：融入团队，为团队增值

TD 只有融入组织，融入团队，才能真正发现组织和团队中存在的问题。融入团队说起来容易，但在进入一个陌生环境，面对一个陌生团队时，实际操作起来却可能遇到各式各样的麻烦。要化解这些麻烦，TD 可以从简单的小事做起，通过"情感银行"拉近与员工的距离，通过员工访谈掌握员工的"晴雨表"。

7.4.1 案例内容：开展工作遇到困难

某 TD 王五新上岗，公司有清晰明确的 TD 工作手册，其中写明了员工访谈工作是 TD 平时要做的。通过员工访谈，TD 能够挖掘和发现团队的人力资源管理需求，找到并解决团队的人力资源管理问题。

王五心想员工访谈有什么难的，自己在以前的团队中也经常做，于是上岗后不久就找员工实施访谈。

可是因为当前团队的员工对王五并不熟悉，王五与员工的访谈变成一场尴尬的聊天。原本应该轻松的员工访谈变成了"打官腔"，王五和员工只能聊一些大而化之的话题，例如 "员工最近业务开展顺不顺利" "员工有没有遇到什么困难" "员工对团队有什么意见" 等。

被访谈的员工很不自在，明明自己手头有工作，但因为王五主动来找自己，又不好意思推辞。被访谈的员工发现聊天的内容比较空洞后，心情更加郁闷，不敢跟王五直说，又不知道具体该跟王五聊什么。

结果王五做了一圈员工访谈下来，似乎什么有价值的信息都没有得到。后来王五想，是不是自己初来乍到，员工还不熟悉自己，所以在这种一对一交流中，员工们都不愿意说出心里话。如果举办一个专门的座谈会，效果会不会更好呢？

不久后，王五就拉着公司总经理做了一场员工座谈会，希望在座谈会上，员工能提出一些人力资源管理问题，尤其是与人才发展相关的问题。

没想到的是，在这场座谈会上，员工依然只是提出了一些无关痛痒的问题，如 "公司最近有哪些新的业务方向" "公司的人才发展政策有没有变化" 等。

面对这种情况，王五又想到一个突破口，既然访谈普通员工没有效果，那不如访谈公司的各级管理者。管理者具备一定的眼界和思维高度，沟通起来应该会比较顺畅，于是王五对各级管理者实施了访谈。

然而大多数管理者除了抱怨"人才难招、人才不足、员工能力差、团队难管、工资不高、离职率高、绩效目标难达成"等老生常谈但又看起来无解的问题，并不知道还有哪些人才发展或人力资源管理上的需求。

这让王五彻底郁闷了，不论对员工进行个体访谈，对员工进行群体访谈，还是对管理者进行个体访谈，结果大家都不走心，没有交心的交流，公司中糊弄和应付的现

象非常普遍。

王五该如何应对这种局面呢?

7.4.2　分析思考：通过"情感银行"拉近距离

王五的根本问题在于自己在还没有融入团队，没有调动起团队成员的情感，没有和员工建立起情感连接的情况下，试图通过公对公的沟通，以就事论事的方式实施员工访谈，结果就是无法了解真实状况，不能真正帮助组织发现和解决问题。

做员工访谈，TD不仅需要"用眼""用嘴"，更要"用心"。TD要融入团队，要和团队成员之间建立起情感连接，就要和团队成员建立起"情感账户"。所谓"情感账户"，是把人与人之间的情感看成一个"情感银行"中的"储蓄账户"，每一次"用心"，都相当于存了一笔"储蓄金"，当达到一定额度之后，"储蓄者"将会得到"利息"。

人与人初识时，彼此之间没有建立起信任关系，就相当于"情感账户"的额度是零，必然不会一上来就交心。通过一段时间友善和谐的相处和交流之后，彼此熟悉，建立起默契，"情感账户"里的"储蓄金"越来越多，彼此才更愿意吐露心声。

周末，一个老员工结婚。因为和王五不熟，这个老员工没有邀请王五参加婚礼，但王五主动询问这个老员工是否需要帮忙，说自己曾经帮别人策划过婚礼，也布置过会场，可以在现场给这个老员工很多实用的建议。

这个老员工欣然接受，邀请了王五参加自己的婚礼。王五在婚礼前一天就赶到现场，和其他来帮忙的员工一起布置会场、安排桌椅、彩排流程等。第二天，婚礼顺利举行，很多细节多亏了王五提醒才得以提前预警，没有出问题。

同事们都对王五刮目相看，纷纷开始接纳王五，在婚宴中向王五打开了话匣子。有人诟病组织的职业发展体系就是挂在墙上好看的，实际上根本没有按照规定运行；有人说有的领导根本不关心人才发展，只关心部门的业绩。这些问题王五之前从来没有听员工提过，看来都是埋藏在员工心底的不满。

公司会定期开展不同主题的座谈会，之前的很多座谈会都流于形式，没有真正解决员工的问题。王五想，如果只是像以前一样泛泛地收集员工的意见，依然不会收到好的效果。于是他主动向员工分享一些和员工切身利益相关的小知识，如薪酬组成逻辑、实现涨薪的途径、社保基数调整规则、五险的构成及其作用、如何巧用公积金等。

这让员工对原本无聊的座谈会变得饶有兴致。很多员工开始主动大胆发问和自身发展相关的事项，这让原本死气沉沉、很多员工只是低头看手机的座谈会变得有趣起来。虽然这一过程中员工可能会问出一些王五无法回答或公司暂时不能解决的问题，但这也反映了员工的诉求与公司的不足，达到了举办座谈会的目的。

只是在员工的情感上做文章还不够，王五想，如果不能切实解决实际问题，员工依然不会信任自己。于是王五决定帮助各级管理者先解决一个问题，王五选择的是人才梯队建设的问题。王五通过人才梯队建设的方法论，帮助公司建立起人才梯队，既解决了各级管理者的用人问题，又解决了人才成长和发展的问题。

要融入团队，要和团队成员建立情感连接，TD可以从小事做起，从身边的事做起，从简单的事做起；可以先做别人不愿做的小事，用小事和员工建立情感连接，而不是高高在上；还可以先解决那些很久没有被解决的基础问题，获取团队成员的信任。

7.4.3 延伸方法：掌握员工的"晴雨表"

通过员工访谈，TD能够掌握员工的"晴雨表"，从而更好地与员工建立情感连接。所谓员工的"晴雨表"，可以理解为能及时预知员工心情的"天气预报"。要做到这一点，TD在实施员工访谈时可以关注以下内容。

1. 生活

例如，TD可以关注员工的爱人／孩子的姓名、爱人在哪儿上班、孩子在哪儿上学、孩子的班主任怎么样、父母是否在身边、家人健康情况、兄弟姐妹情况、公司内部有没有亲戚朋友、住在哪里、上班时的交通方式是什么、最喜欢／不喜欢吃的3个菜。

2. 工作

例如，TD可以关注员工的工作时间、加班情况、工作环境、工龄／司龄情况、在当前岗位上工作的时间、身处当前级别的时间、过去4次的绩效情况、持股情况、工资情况、奖金情况、上级领导如何、工作所处的阶段。

TD每过一段时间就应该实施一次员工访谈。实施员工访谈能够增强TD和员工之间的情感连接，增强团队凝聚力；能够让TD发现团队内部存在的问题，及时做出修正，减少风险；能够鼓舞员工士气，激发员工的动力，改善团队的绩效。

TD实施员工访谈的时间间隔可以根据实际情况确定。对于比较小的团队，时间间隔可以设置得相对较短，如每周做一次员工访谈；对于比较大的团队，时间间隔可以设置得相对较长，如每月做一次员工访谈。

每次员工访谈的时间不需要太长，对单个员工来说，一次访谈的时长一般不需要超过30分钟。这里要注意，如果不存在特殊情况，TD对所有员工实施访谈的频率要做到平均，不要总对某些员工进行高频率访谈，更不要忽略了某些员工。TD实施员工访谈时，可以采取个别访谈、抽查访谈或针对问题访谈的形式。

为保证员工访谈的平稳实施，TD要对员工访谈的频率和次数做好记录。员工访谈次数记录样表如表7-2所示。

表7-2　员工访谈次数记录样表

姓名	第1周谈话次数	第2周谈话次数	第3周谈话次数	第4周谈话次数	本月合计谈话次数
小张					

姓名	第1周谈话次数	第2周谈话次数	第3周谈话次数	第4周谈话次数	本月合计谈话次数
小王					
小李					
小刘					

如果管理成本允许，TD也可以详细记录员工访谈的内容。

对于员工访谈过程中暴露出的问题，TD要详细记录，记录问题提出人、提出时间。TD对该问题的真实性要做必要的核查，并根据问题的重要和紧急程度，排出待解决问题的优先级顺序。员工访谈问题记录表如表7-3所示。

表7-3　员工访谈问题记录表

问题	问题提出人	问题提出时间	问题查证结果	问题改正优先级

对于排出优先级顺序的待解决问题要形成解决方案，每个问题和解决方案都要对应相关的责任人、参与人和完成时间。员工访谈问题改正表如表7-4所示。

表7-4　员工访谈问题改正表

待解决的问题	解决方案	责任人	参与人	完成时间

对于开展员工访谈之后的汇报工作，TD应该注意如下要点。

1. 客观统计

开展员工访谈的目的是了解员工的意见，而不是表明员工的意见应该是什么，所以统计汇报的内容应当客观反映员工的意见，不要加入访谈人的主观因素。

2. 结论为先

汇报的时候先说结论，然后说得出这个结论的过程。如果有时间，可以详细说明在员工访谈过程中比较有代表性的意见或建议。

3. 制定方案

在员工访谈的最后，通常多多少少会发现一些问题。这些问题中，有的能够被改善，有的很难被改善。这时候，TD要分清楚主次，定好先后顺序，制定解决方案。